brandsense

L748b Lindstrom, Martin.
       Brand sense : segredos sensoriais por trás das coisas que compramos / Martin Lindstrom ; tradução: Renan Santos. – Ed. rev. e atual. – Porto Alegre : Bookman, 2012.
       xvi, 176 p. : il. ; 21 cm.

       ISBN 978-85-7780-929-5

       1. Marketing – Marcas. I. Título.

CDU 659.126

Catalogação na publicação: Ana Paula M. Magnus – CRB 10/2052

Martin **Lindstrom**

REVISADO E ATUALIZADO

brandsense

segredos sensoriais
por trás das coisas que compramos

Tradução:
Renan Santos

2012

Obra originalmente publicada sob o título
Brand Sense, Updated and Revised
ISBN 9781439172018
© Martin Lindstrom, 2005.
Publicado conforme acordo com a editora original, Free Press, divisão de Simon & Schuster, Inc.

Capa
Paola Manica

Preparação de originais
Daniel Grassi

Assistente editorial
Viviane Borba Barbosa

Gerente editorial – CESA
Arysinha Jacques Affonso

Projeto e editoração
Armazém Digital® Editoração Eletrônica – Roberto Carlos Moreira Vieira

Reservados todos os direitos de publicação, em língua portuguesa, à ARTMED® EDITORA S.A. (Bookman® Companhia Editora é uma divisão da Artmed® Editora S.A.)

Av. Jerônimo de Ornelas, 670 – Santana
90040-340 – Porto Alegre – RS
Fone: (51) 3027-7000 Fax: (51) 3027-7070

É proibida a duplicação ou reprodução deste volume, no todo ou em parte, sob quaisquer formas ou por quaisquer meios (eletrônico, mecânico, gravação, fotocópia, distribuição na Web e outros), sem permissão expressa da Editora.

SÃO PAULO
Av. Embaixador Macedo Soares, 10.735 – Pavilhão 5
Cond. Espace Center – Vila Anastácio
05095-035 – São Paulo – SP
Fone: (11) 3665-1100 Fax: (11) 3667-1333

SAC 0800 703-3444 – www.grupoa.com.br

IMPRESSO NO BRASIL
PRINTED IN BRAZIL

O AUTOR

Martin Lindstrom é o autor do *best-seller A Lógica do Consumo*, que entrou para a lista de mais vendidos do *New York Times* e do *Wall Street Journal*. É CEO e presidente da Lindstrom Company e presidente da Buyology, Inc. (Nova York) e da Brand Sense Agency (Londres).
Como uma das 100 pessoas mais influentes do mundo, segundo a revista *Time*, Lindstrom aconselha altos executivos de empresas como McDonald's Corporation, Nestlé, Procter & Gamble, Microsoft Corporation, The Walt Disney Company, Pepsi, Unilever e GlaxoSmith-Kline. Lindstrom fala a um público global de quase 1 milhão de pessoas todos os anos. Já foi capa de diversas publicações, incluindo *Wall Street Journal, New York Times, Washington Post, USA Today, Forbes, Fortune, Newsweek, BusinessWeek, People Magazine, Wallpaper, Harvard Business Review, The Times, The Guardian, New York Post, Chicago Tribune, The Economist* e *Time*. Também já participou de programas da NBC *Today* show, do ABC News, da CNN, da CBS, da Discovery, da FOX e da BBC. *Brand Sense* foi aclamado pelo *Wall Street Journal* como um dos cinco melhores livros de *marketing* já publicados.
A *Lógica do Consumo* recebeu a indicação do livro comercial do ano pelo *USA Today* e alcançou todas as dez principais listas de mais vendidos nos Estados Unidos e no mundo durante 2008 e 2009. Seus cinco livros sobre *branding* foram traduzidos para 37 idiomas e publicados em mais de 80 países. Lindstrom é colaborador frequente do *New York Times, Parade* e *Advertising Age* e escreve regularmente para o *Today* show da NBC, com sua séria *Marketing Mind Games*.

*Para Dorit, Tore, Vibeke e Allan.
Vocês são as palavras em minha vida.*

AGRADECIMENTOS

Estou em débito com Nigel Hollis, o diretor de planejamento estratégico global da Millward Brown. Ele tem uma longa experiência na pesquisa de mercado, e sua experiência particular inclui testes preliminares de propaganda, valor de marca, pesquisa *on-line* e como as comunicações de *marketing* podem construir e manter as marcas. Sua carreira na Millward Brown se estendeu pelo Atlântico; ele trabalhou para os principais clientes da lista da *Fortune 500*, cobrindo produtos embalados, automóveis, bebidas alcoólicas, serviços financeiros, TI e categorias de turismo.

Seria impossível mencionar todas as pessoas que contribuíram com ideias e conhecimento para este livro. Quase 600 pesquisadores assimilaram informações, forneceram *insights* e trabalharam muito para transformar o *Brand Sense* em um projeto verdadeiramente global.

Em primeiro lugar, Peter Smith e Lynne Segal. É o terceiro livro no qual trabalhamos juntos. Em resumo, se eles deixarem de ser editores, eu deixo de escrever. Também um sincero obrigado ao meu incrível agente James Levine e à equipe impressionante da Free Press: Suzanne Donahue, Carisa Hays e Michele Jacob.

Uma vez mais foi um prazer trabalhar com a organização Millward Brown. Sem o seu apoio para este projeto global, teria sido quase impossível realizá-lo. Eles verificaram minhas hipóteses e levaram a pesquisa aonde nenhum outro profissional do *marketing* jamais havia ido antes – em um mundo tátil cheio de cheiros e gostos. De novo, um sincero obrigado a Nigel Hollis (Estados Unidos). Ele gerenciou o projeto de pesquisa com habilidade, profissionalismo e permanente otimismo. Obrigado a Eileen Campbell (Estados Unidos) e Andrea Bielli (Itália), que deram enorme apoio nos bastidores, Andreas

Grotholt (Alemanha), por seu *feedback* contínuo, e Andreas Gonzales (Austrália), por sua generosidade desde o primeiro dia em que bati em sua porta.

Diversas pessoas ao redor do mundo me ajudaram a capturar a essência do *branding* sensorial. Dentre elas, estão Karen Elstein (Reino Unido), Andres Lopez e Claudia Jauregui (México), Mauricio Yuraszeck, Marco Zunino e Maria Cristina Moya (Chile), Chaniya Nakalugshana e Tanes Chalermvongsavej (Tailândia), Asif Noorani (Japão), Das Sharmila, Ghai Harjyoti e Neerja Wable (Índia), Christine Malone e Kim South Hyde (África do Sul), Pawel Ciacek (Polônia), Andrei Ackles (Canadá), Toni Parra (Espanha), Inge Cootjans, Astrid DeJong e Megumi Ishida (Holanda), Lars Andersen e Julie Hoffmann Jeppesen (Denmark), e Ola Mobolade, Janette Ponticello, Bill Brannon, Dave Hluska, Doreen Harmon, Wes Covalt, Ariana Marra, Brian LoCicero, Brian Gilgren, Dusty Byrd, Mark Karambelas, Heather Fitzgerald e Christina Swatton, todos dos Estados Unidos. Também gostaria de agradecer à Lightspeed Online Research, nos Estados Unidos, e não me esqueci do provedor de amostras Knots no Japão.

Desde que escrevi *BRANDchild* e *A Lógica do Consumo,* tive a boa sorte de conhecer pessoas inspiradoras em todo o mundo, que me ajudaram a deixar este livro mais desafiador e estimulante. Finalmente, permaneço em dívida aos muitos leitores que me enviarem um *feedback* surpreendente e às milhares de pessoas por todo o mundo que responderam questionários intermináveis e pacientemente discutiram os cinco sentidos nos muitos grupos focais. O *branding* tem muito a ver com sentimentos, e os sentimentos deles – e agora, espero que os seus – têm sido uma contribuição essencial a este livro.

Diga-me e eu esquecerei;
Mostre-me e talvez eu lembre;
Envolva-me e eu vou entender.

Benjamin Franklin

PREFÁCIO
Philip Kotler

O *marketing* atual não está funcionando. Novos produtos fracassam a uma velocidade desastrosa. A maioria das campanhas de propaganda não registra nada de especial na mente dos consumidores. A maioria dos produtos é vista como mercadoria substituível, em vez de marcas poderosas.

Sim, ainda existem marcas poderosas – Coca-Cola, Harley-Davidson, Apple Computer, Singapore Airlines, BMW. Elas aprenderam a manter suas marcas vivas na mente dos consumidores. A marca, é claro, deve oferecer ao menos um benefício. Nada vai compensar essa ausência. Todas as marcas mencionadas oferecem esse tipo de benefício.

Mas marcas distintas exigem algo mais. Elas têm de oferecer uma experiência sensorial e emocional plena. Apresentar um produto ou serviço visualmente em um anúncio não é suficiente. Vale incluir um som, como uma música, ou palavras e símbolos poderosos. A combinação dos estímulos visual e auditivo oferece um impacto do tipo "2 + 2 = 5". Vale ainda mais acionar outros canais sensoriais (paladar, tato, olfato) para realçar o impacto total. Essa é a mensagem básica de Martin Lindstrom, e ele a ilustra muito bem por meio de numerosos casos e de uma argumentação convincente.

A maioria das empresas escolhe o caminho mais fácil para colocar suas marcas no mercado. Elas compram espaços caros e fazem afirmações clichê. As empresas do livro do Martin são muito mais criativas. Uma das principais razões para ler este livro é que ele contém uma riqueza de ideias para revitalizar as marcas.

SUMÁRIO

1. Comece a fazer sentido 1
2. Será que estou fazendo certo? 9
3. Um grande sucesso 45
4. Éramos cinco 71
5. Estar vivo 109
6. Movendo montanhas 119
7. O futuro 147

A pesquisa *Brand Sense* 161
Algumas palavras do pesquisador 163
Índice 167

1
COMECE A FAZER SENTIDO

Nas semanas e meses seguintes à publicação de *A Lógica do Consumo*, fui convidado várias vezes para participar do programa matinal de maior audiência dos Estados Unidos, o *Today Show*. Foram vários os assuntos tratados: compradores compulsivos, sexo na propaganda, propaganda subliminar, e assim por diante. Em uma participação recente, liderei um grupo focal com um grupo de pré-adolescentes com idade entre 8 e 12. Meu objetivo? Medir o grau em que o *branding sensorial* – ou seja, o uso de fragrâncias, sons e até mesmo texturas para realçar o apelo dos produtos – afetava essas crianças. Foi como apresentar um novo e estranho jogo chamado "Nomeie o Sentido".

Primeiro, toquei várias canções bem conhecidas associadas com várias empresas e programas de TV. A maioria das crianças identificou-as imediatamente, dentre elas Disney, Apple Computer e a música tema do Bob Esponja e da NBC. Então, chegou a hora do teste do olfato. A primeira fragrância no ar foi (e sempre será) um dos aromas mais evocativos do mundo.

– Ah, eu conheço esse cheiro – disse um.
– Toda criança conhece esse cheiro – interrompeu outro.
– Certo – disse eu. – Quando contar até três, me digam que marca é essa. Preparados? Um... dois... três!

Todos acertaram: a massinha de modelar Play-Doh! As duas fragrâncias seguintes? Giz de cera Crayola e talco de bebê Johnson. As crianças identificaram essas também. Depois, seguimos para um "quadro de colagem" de marcas, no qual se podiam ver apenas partes ou fragmentos dos logos ou símbolos das empresas. Ainda assim, o grupo conseguiu identificar a maioria das marcas, senão todas: Kellog's,

Pepsi-Cola, MTV, Nike. Algumas crianças, para minha surpresa, reconheceram até mesmo as logos da Gucci e da Tiffany's.

Após examinar várias logos, eu trouxe um monte de produtos de *designers* de grife, de lojas de departamento populares e até algumas peças de roupas genéricas que comprei de vendedores de rua.

O *jeans* azul é um item conhecido da maioria dos alunos de ensino médio, obcecados por moda e marcas. Uma das meninas, Olívia, embalava um par de jeans no colo.

– Estes são da Abercrombie! – anunciou com felicidade.

Da forma mais casual possível, perguntei:

– Então, como você sabe que esses *jeans* são *realmente* dessa loja, e não falsos?
– Por causa do *cheiro* – Olívia respondeu. Ela então passou a inalar a fragrância doce (alguns diriam enjoativa) dos *jeans* Abercrombie & Fitch que estava segurando.

O que Olívia segurava parecia com qualquer outro par de *jeans* azul. Poderiam ser da Target. Poderiam ser da Macy's. Poderiam ser de qualquer loja dos Estados Unidos. Mas essa estudante de ensino médio identificou os *jeans* sem pestanejar por uma única razão: seu aroma inconfundível.

Tão estranha e intrigante quanto a preferência de Olívia por marcas possa parecer, minha ida ao *Today Show* me lembrou do primeiro projeto de pesquisa sobre *branding sensorial* que realizei em 2005. Foi uma missão de cinco anos que envolveu centenas de pesquisadores e milhares de consumidores em quatro continentes. Nosso objetivo era entender a lógica por trás de comportamentos como o de Olívia, e providenciar um roteiro para os consumidores compreenderem porque eram atraídos por um produto, fosse ele um iPod, um vidro de Nescafé ou até mesmo um simples cereal matinal.

Olívia, afinal de contas, era um exemplo vivo do que os profissionais de *marketing* desejam quando criam uma marca. Eu há muito me perguntava: o que faz uma criança (ou um adulto) cair de joelhos por uma marca como a Apple ou a Kellog's? Que componentes da marca formam essa conexão tão mágica, magnética e duradoura? Será que a crença obsessiva em uma marca pode se transformar em desapontamento ou mesmo tédio?

É por isso que, no Projeto Brand Sense de 2005, minha equipe e eu fizemos muitas perguntas para pessoas que tinham grande afinidade com várias marcas – em alguns casos, você pode até chamar de casos de amor. Voluntária e generosamente, elas compartilharam suas paixões e impressões, informações inestimáveis que me levaram a concluir que, se os produtos e a propaganda quiserem sobreviver por mais de um século, terão que mudar inteiramente de direção. Mais um cartaz pregado em um *outdoor* na Times Square não dará resultado. Será necessária uma visão inteiramente nova (e sensorial), algo que apele às nossas emoções.

Eu percebi então, como faço agora, que uma marca *tem* de se transformar em uma experiência sensorial que vai muito além do que vemos. Também percebi que, mais do que qualquer pessoa no planeta, as crianças parecem se vincular com maior profundidade a marcas sensoriais de verdade, que envolvam som, toque, cheiro e sensação. Isso pode não surpreender tanto quando se pensa que os sentidos de uma criança são aproximadamente 200% mais potentes do que os de um adulto. Na verdade, quando uma mãe balança pela primeira vez uma criança, ela provavelmente não tem ideia de que o senso olfativo de um recém-nascido é mais de 300% maior do que o dela. Chamem isso de jeito engenhoso da natureza de assegurar um permanente vínculo entre mãe e filho.

Outro exemplo surpreendente do poder do *branding sensorial* é o Royal Mail, serviço postal do Reino Unido. Como muitos sabem, os correios do mundo inteiro estão sofrendo queda em suas receitas. Poucas pessoas usam o correio atualmente – para envio de pacotes sim, mas não mais para despachar aquelas coisas brancas conhecidas como envelopes com algo chamado selo colado no canto superior direito. Quando foi a última vez que você recebeu uma carta escrita à mão pelo correio? O mundo prefere a conveniência do *e-mail*, do Facebook e do Twitter.

Para revigorar os números em queda do correio convencional, o Royal Mail lançou uma campanha conhecida como *"Touching Brands"* (Tocando Marcas). A empresa tinha duas metas: reconectar-se aos consumidores que se afastaram do que foi chamado agora, um pouco pejorativamente, de "correio lesma", e demonstrar o papel fundamental do correio na era digital como parceiro natural para as novas mídias. A britânica Brand Sense Agency foi contatada para ajudá-los a analisar como é possível usar os cinco sentidos para realçar as afinidades com uma marca – nesse caso, o Royal Mail. O novo experimento foi apelidado de Correio Sensacional. Os resultados foram sensacionais.

O primeiro tipo de Correio Sensacional do Royal Mail foi uma carta personalizada inscrita em uma placa de chocolate – você leu certo. Quem pode resistir a chocolate? O toque macio, o cheiro que nos faz salivar, o som trincado quando você quebra a barra em dois e, por fim, aquele sabor irresistível?

Aplaudida por ser inovadora e chamativa, a resposta ao nosso envio de chocolate pelo Royal Mail superou todas as expectativas. Três quartos dos destinatários sentiram que isso demonstrava como o correio convencional pode cativar os cinco sentidos. Mas eles também tomaram uma atitude como resultado de nossa experiência de envio, atitude essa que, devo enfatizar, foi muito além de comer a carta de chocolate. As pessoas simplesmente começaram a mandar cartas de novo!

Mas queríamos confirmar nossas constatações cientificamente também para os profissionais da mídia e para os publicitários. Usando neurociência e a mais avançada técnica de varredura cerebral disponível hoje (a ressonância magnética), o instituto de pesquisa Millward Brown estudou o cérebro de 20 homens e mulheres no Reino Unido para determinar se o "experimento Royal Mail" havia criado um verdadeiro compromisso emocional, ou seja, uma resposta emocional potente nos consumidores. Seu objetivo era descobrir se havia alguma diferença na forma como o cérebro dos voluntários respondia ao material enviado por correio, em comparação às informações apresentadas na tela de um computador. Para qualquer marca, propaganda ou solicitação funcionar (e manter-se na memória), é preciso abrir espaço de alguma forma dentro do sobrecarregado cérebro humano, que, como você deve imaginar, gosta de filtrar e descartar as informações irrelevantes. A emoção chama nossa atenção por meio dos sentidos, que então influenciam nosso processo decisório. As marcas que criam uma conexão emocional com os consumidores são muito mais fortes do que aquelas que não o fazem – é simples (e complicado) assim.

A pesquisa científica da Millward Brown confirmou que o correio convencional – no caso, aquelas "súplicas" feitas de chocolate – foram muito mais "reais" para o cérebro, e tiveram um "local" definitivo nas percepções dos consumidores. Além disso, o correio convencional foi mais fácil para o cérebro dos voluntários processar e mais provável de gerar emoção, e conseguiu promover o processo decisório de forma mais fluente. Em suma, o experimento do Royal Mail provou que o correio convencional conseguiu penetrar no armário superlotado que é nosso espaço de trabalho mental – uma façanha espetacular, considerando que a maioria das pessoas vive em um ambiente cada vez mais digital.

Outro aspecto do novo *branding* que juntei as minhas experiências com Olivia e o Royal Mail é que a marca deve tentar criar algo parecido com a adoração obsessiva que um aficionado por esportes sente ou, até mesmo, em alguns aspectos, com a fé de uma congregação religiosa.

Sem me aprofundar muito nas comparações com a religião, podemos ver a relevância da espiritualidade para certos aspectos do *branding sensorial*. As mais memoráveis e saboreadas marcas do futuro serão aquelas que não apenas se ancoram na tradição, mas também adotam características religiosas à medida que simultaneamente fazem uso completo e integrado do *branding sensorial*. Ponto. Cada marca completamente integrada vai vangloriar sua própria identidade, expressando-a em cada mensagem, forma, símbolo, ritual e tradição, assim como fazem os times e as religiões.

Evocar algo similar ao zelo religioso, contudo, é apenas um dos objetivos da próxima geração de produtos e propaganda. Se quiserem sobreviver, as marcas terão de incorporar uma "plataforma" de marca (significando um conjunto de associações que um consumidor faz com um produto ou empresa) que una os cinco sentidos por completo. Vejam a Abercrombie! Vivemos em uma paisagem em que os consumidores precisam desesperadamente de algo em que acreditar. Tão irônico quanto possa soar, enquanto as religiões lutam para encontrar novos fiéis, os consumidores estão procurando desesperadamente outra coisa. Tristemente (alguns diriam), mais do que nunca essa "outra coisa" é, bem, as marcas: um fenômeno que você adoraria ainda mais se visitasse a China, onde o poder da "religião de marca" com frequência parece mais forte do que suas contrapartes de mil anos de idade baseadas na fé.

A base deste livro é resultado direto de um extenso projeto de pesquisa que buscou investigar o papel que cada um de nossos cinco sentidos desempenha em criar um caso de amor entre um consumidor e uma marca. Nosso estudo também buscou determinar até que ponto o fator religioso (fé, crença, pertencimento e comunidade) pode servir para orientar o futuro do *branding*. À primeira vista, religião e marcas podem parecer distantes, quase a ponto do insulto. Mas serão mesmo? Visite qualquer igreja e, mesmo antes de entrar, a primeira coisa que você vai ver será um ataque sensorial de corpo inteiro: sejam os sinos do meio-dia atravessando Zurique, na Suíça, ou os sons das orações atravessando Istambul. Dentro de uma igreja, seus sentidos vão continuar sendo estimulados e acordados, seja pelas fragrâncias inconfundíveis do incenso no ar, seja pelo aroma mofado dos bancos da igreja. Não importa onde você vive ou qual fé pratica: a religião envia uma série de sinais claros e inconfundíveis por meio de nossos sentidos – mesmo que você nunca tenha vislumbrado uma cruz, um altar, um vitral ou um kipá. As religiões mais antigas estão por aí há cerca de 3.500 anos. E as marcas mais antigas? Cento e cinquenta anos. É por isso que acredito que está na hora de as marcas pegarem emprestada essa percepção, respeitosamente, das religiões – e aprenderem algumas lições cruciais sobre crença e lealdade.

Além disso, decidimos que nossa pesquisa *Brand Sense* teria relevância apenas se abrangesse todo o planeta. Nossa equipe multicultural de pesquisa envolveu pessoas de 24 países, falantes de 18 idiomas. No entanto, nosso estudo global teve outro objetivo. Queríamos identificar tendências em expansão e analisar a evolução das marcas locais para nos ajudar a criar uma base sólida para implementar nossa teoria de marca completamente integrada, com o intuito de adaptá-la a qualquer mercado independentemente das diferenças e preferências culturais.

Decidi juntar-me com a Millward Brown, cujo extenso conhecimento de marca a transformou em uma parceira óbvia para um projeto desse calibre. A ideia – que chamamos de "Brand Sense" – tomou forma em 1999 e acabou se transformando em uma pesquisa de marca que envolveu cerca de 600 pesquisadores em todo o mundo.

Serei franco: ninguém jamais havia conduzido uma pesquisa sobre percepção sensorial e comparações religiosas com o *branding* antes, e fizemos o melhor possível para permanecer sensíveis às suas diferenças de caráter, profundidade e verdade irrevogável. Meu editor estava seriamente preocupado, e não sem razão, quando comecei este livro. Fui longe a ponto de conduzir uma série de sessões ao redor dos Estados Unidos para testar minhas teorias ao vivo. Recordo-me de um evento em Washington, D.C., no qual mostrei uma fotografia do papa em um lado da tela, e Ronald McDonald no outro. Sendo natural da Dinamarca, onde quase não existe a fé tradicional, aprendi rapidamente (muito rapidamente) que muitas pessoas de outros lugares são altamente sensíveis no que tange à religião. Uma clássica experiência do tipo "vivendo e aprendendo".

O Projeto Brand Sense é, portanto, (ouso dizer?) um estudo pioneiro. Conduzimos grupos focais em 13 países, selecionando cada país com base no tamanho do seu mercado, na representação de suas marcas, nas inovações gerais dos produtos, na representação religiosa e na maturidade das marcas, sem falar na história sensorial do país. Rapidamente nos demos conta de que, apesar de uma marca ser supostamente global, o modo como as culturas locais a percebem pode ser extremamente variado.

A pesquisa Brand Sense, portanto, é uma combinação de mercados diferentes e típicos. Por exemplo, selecionamos Japão, Índia e Tailândia, porque os três países têm um longo e duradouro histórico de integração dos cinco sentidos no interior de suas culturas e tradições. Algumas das marcas mais inovadoras do Japão, com frequência, fazem uso dos cinco sentidos. Agora, se você estiver com pressa, não espere uma experiência do tipo "pegue e leve" quando estiver visitando uma loja de varejo no Japão. Entretanto, há um fantástico lado positivo. Talvez você demore um pouco para levar seu produto, mas testemunhará um ritual de empacotamento surpreendente, algumas vezes de meia hora de duração, e sua compra terminará parecendo um requintado trabalho artístico feito com laços. O Japão, no final das contas, é o país em que marcas como a Marlboro descobriram que incluir uma pequena linha pontilhada no plástico que cobre os tradicionais maços de cigarro transformou as vendas de algo vagaroso para impressionante. Por quê? Porque os japoneses odeiam a sensação de desembrulhar um maço de cigarros em que o plástico se rasga por toda a caixa. Ao instalar um minúsculo toque, como uma simples linha pontilhada, os consumidores conseguem facilmente abrir o maço sem danificar as imagens da embalagem. Esse simples ajuste transformou positivamente as vendas da Marlboro em questão de semanas.

A rica herança do *design* dos países escandinavos tornou a identidade visual essencial para sua comunicação. É uma região do mundo em que a mão de um *designer* é evidente em todos os lugares – de camisinhas para mulheres aos abridores de vidros de comprimidos. Os Estados Unidos e a Grã-Bretanha, com seu imenso tamanho de mercado e sua incrível diversidade de mídias, apresentam o maior desafio em construção e manutenção de marcas. Também incluímos países como Chile, México, Polônia e Espanha por suas fortes tradições religiosas e devocionais, ou seu longo histórico com música e comida.

Mas não importa onde você viva, pense nisto: nossos valores, sentimentos, emoções, memórias estão armazenados no cérebro. Compare esse sistema humano de arquivamento com um antiquado gravador de vídeo, que grava em duas faixas separadas, uma de imagem, outra de som. Os seres humanos têm pelo menos cinco faixas – imagem, som, cheiro, gosto e toque. Essas faixas contêm mais informações do que se imagina e elas têm existência direta e imediata em nossas emoções. Podem avançar ou retroceder à vontade, e até demorar em um determinado ponto. Quanto maior for o número de faixas em que gravamos uma experiência, melhor será a lembrança que teremos dela.

Por essa razão, acredito que, ao longo da próxima década, testemunharemos mudanças sísmicas no modo como nós, como consumidores, percebemos as marcas. Uma comparação que vem à mente é a transição das televisões preto e branco para as coloridas com som mono, e depois para os *home theaters* de alta definição, de 52 polegadas, cheios de firulas.

Então, aperte o cinto! Você está prestes a embarcar em uma jornada sensorial, que, espero, garantirá que jamais vai ver (ou cheirar) uma marca da mesma forma outra vez.

2
SERÁ QUE ESTOU FAZENDO CERTO?

Fato: a maioria das campanhas de marca é problemática. Por quê? Porque o custo de atingir os consumidores em um mundo frenético, cheio de estímulos e de déficit de atenção está aumentando *rápido*. As horas passadas na frente da televisão dentro de casa estão cada vez mais sob domínio das crianças. Nos Estados Unidos, uma criança é exposta a mais de 40 mil comerciais de televisão por ano – e um adulto típico é exposto a mais de 52 mil.[1] Dizendo de outra forma, o norte-americano médio de 65 anos assistiu a mais de 2 milhões de comerciais – o que equivale a seis anos inteiros assistindo TV, oito horas por dia, sete dias por semana![2] Isso é muito tempo na frente da tela.

Dadas essas estatísticas de audiência de TV, não surpreende que o gasto com propaganda de TV nos Estados Unidos em 2008 tenha sido de 69,8 bilhões de dólares. A cada ano, aparecem nas prateleiras das lojas inúmeras marcas novas que precisam ser apresentadas aos consumidores. Alguma vez você já apertou a mão de uma pessoa e teve a sensação de estar segurando um peixe mole? Em dois segundos, você classificou aquela pessoa como alguém sem força, sem personalidade. As marcas têm quase que o mesmo tempo – aproximadamente dois segundos – para causar uma impressão instantânea em nós. A maioria não nos impressiona e, um ano mais tarde, elas não estão mais nas prateleiras do supermercado.

A propaganda pode não estar funcionando do jeito que deveria, mas não vai sumir tão cedo. Talvez o jeito que os profissionais do *marketing* transmitem suas mensagens tenha de ser reavaliado ou, talvez, mais bem alinhado com o imediatismo do mundo de hoje. Conheço bem isso: é preciso algo completamente revolucionário para romper o impasse em nossa propaganda contemporânea. Uma qualidade de imagem impecável não vai conseguir fazer isso; tampouco as imagens mais chamativas. Que tal ideias cada vez mais criativas ao som de áudio digital? Também não é por aí. Não importa o que fizermos, a propaganda permanece sendo um lampejo instantaneamente esquecível no dia a dia de um consumidor – e estamos só começando. No Japão, onde o consumidor médio assiste o equivalente a oito anos de comerciais de TV ao longo da vida (lembrando: são dois anos a mais do que nos Estados Unidos), posso dizer que a previsão para o futuro não é das melhores.

Mas... e se os publicitários jogassem tudo isso fora e tentassem injetar uma profusão de sentidos em suas mensagens? Será que *isso* funcionaria? Basta pensar em como você geralmente toma as decisões. Imagine que você esteja pensando em contratar um novo colaborador. A primeira coisa que você faria seria examinar o currículo dele, e depois teria um bate-papo introdutório por telefone. Supondo que o candidato morasse em outro país, talvez você até fizesse uma videoconferência. Ainda assim, você provavelmente nunca concordaria em contratar alguém a menos que o conhecesse em pessoa – estou certo? Por quê? Qual a possível vantagem em conhecer um colaborador em potencial face a face? Ele não falaria de forma desafiadora, não faria nenhum gesto muito diferente e não saberia nem mais nem menos do que já apresentou antes. O fato é que nada mudaria; então, por que o encontro direto é tão importante?

Psicólogos comportamentais estimam hoje que cerca de 80% das impressões que formamos quando nos comunicamos com outras pessoas são não verbais. O que significa dizer que são sensoriais. É por *isso* que você precisa se encontrar fisicamente com um possível colaborador antes de contratá-lo.

Então, voltando ao *branding*: por que empresas e publicitários eliminam 80% do que poderiam comunicar quando constroem marcas? Os céticos apontam corretamente que olfato e televisão é uma impossibilidade física. Minha resposta é: mesmo que uma marca seja incapaz de transmitir uma fragrância pela televisão de LCD de 42 polegadas, há pouca coisa que impeça um aroma de ser completamente incorporado no *interior* de uma marca.

ALGO PARA FAREJAR...

Você dá uma cheirada no leite da geladeira antes de tomar um gole. Há algum traço de azedo? Caso haja, provavelmente o leite irá direto para o ralo. Nosso sentido olfativo nos mantém a salvo ao nos ajudar a escolher comida fresca (e evitar a estragada). Cada pedaço de fruta e corte de carne que entram em nosso carrinho de compras passam pelo teste do nariz. Instintivamente verificamos se as embalagens estão rasgadas e esperamos em nosso inconsciente pelo *aaaah* esbaforido do lacre quando abrimos um refrigerante ou uma lata de azeitonas. Há algum tempo, visitei a Índia e comprei uma garrafa de água. Rosqueei a tampa, esperando pelo clique familiar, a garantia de que eu beberia algo fresco. Como nada ouvi, fiquei desconfiado, como se pudesse ser envenenado caso bebesse o líquido.

Nossos sentidos estão muito mais sintonizados para os possíveis perigos do que para a expectativa do deleite sensorial. E, ao longo do último século, o mundo da propaganda tem cedido e bajulado o nosso sentido da visão, garantindo satisfação visual plena. Aquele belíssimo iPhone novo. Aquele deslumbrante vestido na vitrina da Zara. Aquele novo e bem talhado vidro de perfume de grife. Ao mesmo tempo, é como se esquecêssemos de que todos os homens, mulheres e crianças do planeta são dotados não de dois, mas de cinco sentidos. Lembro-me de uma vez em que meu pai contou sobre uma viagem que fez quando era muito jovem para comprar café com o pai dele. No momento em que os dois colocaram os pés na loja, sentiram o encantador aroma de café recém-moído à medida que os grãos em pó escoavam no filtro de papel. Acompanhando a fragrância, havia o som que a máquina fazia enquanto pulverizava os grãos. Será que dá para comparar o cheiro de um bule de café preparado em casa com aquela experiência multissensorial?

Meio século depois, a história muda de figura. Entre em um Walmart ou em qualquer supermercado contemporâneo. Vá até a seção de café e você encontrará prateleiras com tijolos de café torrado e moído ou em grãos embalados a vácuo, empacotados para se encaixar nos milhares de caminhões que entregam café e outros produtos diariamente. Cadê o aroma? Não há. O som da máquina? Com exceção da Starbucks, não há (apesar de a Starbucks ter seus próprios problemas, que trataremos mais adiante). Claro, pode haver uma imagem primitiva na embalagem de um trabalhador rural colombiano moendo os grãos, mas não é a mesma coisa. Dito isso, a criação da embalagem é agora um ponto importante de vendas para profissionais de propaganda e de *marketing*, visto que a aparência de um produto ainda tem a poderosa capacidade de atrair a atenção dos consumidores. (Digo, quando funciona. Em um voo que tomei uma vez de Nova York a Los Angeles, comprei fones de ouvido e fui tirá-los da embalagem de plástico estilo "concha de marisco". Ou melhor, devo dizer, *tentei*. Meia hora depois, eu ainda estava tentando arrancar o plástico, chegando a usar minha faca serrilhada de plástico do jantar. Meu companheiro de assento tentou – até que, finalmente, três fileiras de passageiros estavam educadamente tentando me ajudar a tirar os fones de ouvido. Finalmente, faltando cerca de 15 minutos para o voo aterrissar, alguém conseguiu rasgar a embalagem, mas aí já era tarde demais.)

Se um produto carrega um componente sonoro, tátil, gustativo e olfativo, você provavelmente estará certo em presumir que é meramente uma feliz coincidência. Por outro lado, você poderia se perguntar por que esses quatro sentidos têm sido esquecidos há tanto tempo. Façamos um experimento. Imagine que você tenha duas garrafas de *ketchup* Heinz na cozinha. Uma de plástico, outra de vidro. Tendo visitado centenas (senão milhares) de cozinhas ao redor do mundo, meu palpite embasado é que, se você tem duas garrafas, a de vidro estaria dentro da geladeira, enquanto a de plástico permaneceria fechada no armário. Por quê? Porque a maioria de nós, senão todos, percebemos a garrafa de vidro de *ketchup* como sendo não apenas autêntica, mas *sensorial*. Apesar disso, uma garrafa de vidro de *ketchup* é quase cômica de tão pouco prática. Você desenrosca a tampa, inclina-a sobre o sanduíche... e não sai nada. Cinco minutos depois, ainda está na mesma, a menos que você tenha começado a bater com violência no fundo da garrafa.

Quando Heinz inventou o *ketchup* em 1869, todas as garrafas eram de vidro. Com o passar do tempo, a realidade disfuncional de tirar o *ketchup* da garrafa de vidro se tornou evidente para todos. Então, cerca de 25 anos atrás, a Heinz fez algo genial. A empresa lançou uma campanha impressa declarando: "O *ketchup* Heinz sai da tradicional garrafa de vidro a 0,045 quilômetro por hora". De início, se você é parecido comigo, daria risada, talvez até resmungasse: "E daí? O que isso tem a ver, ainda mais com *ketchup*?". A resposta: a Heinz não estava afirmando que o *ketchup* que ela fabricava era da maior qualidade do mundo. Em vez disso, ela estava apelando ao nosso antigo instinto humano que vincula "lento" com "alta qualidade" (assim como "frívolo" e "rápido" denota um trabalho manual mal feito ou sem empolgação). Nosso cérebro liga os pontos e, em menos de um segundo, decidimos que a longa espera que o *ketchup* Heinz exige vale a pena – porque, no fim das contas, estamos obtendo o melhor produto possível. Nosso sofrimento não tem sido em vão, afinal! Todavia, alguma vez a Heinz precisou vir a público e dizer isso? Nenhuma. (A empresa também desenvolveu um anúncio de TV memorável nos anos 70 usando a canção "Anticipation" de Carly Simon, enquanto um consumidor esperava... e esperava... aquele maldito *ketchup* sair de dentro da garrafa.) Hoje, em 2010, você verá as garrafas de vidro de *ketchup* Heinz em todas as lojas de conveniência e supermercado ao redor dos Estados Unidos. São os mais caros, mais quebráveis e mais pesados, e o *ketchup* continua saindo com grande dificuldade. Ainda assim, 80% dos entrevistados de nossa pesquisa Brand Sense prefeririu a garrafa de vidro e não a de plástico. Quando perguntados por que, simplesmente davam de ombros. Não tinham a menor ideia – mas seu inconsciente tinha.

O fato é que experimentamos praticamente toda a nossa compreensão do mundo através dos sentidos. São nossa ligação com a memória. Tocam nossas emoções, passadas e presentes. Um dia de primavera brilhante, fresco e glorioso tem um cheiro particularmente estimulante. Naturalmente, os fabricantes tentam engarrafar essa essência de euforia sazonal e renovadora. Os profissionais de *marketing* usam então nosso vínculo emocional com a primavera para nos vender lava-louças, desinfetantes, xampus, sabonetes, limpa-vidros, e muito mais.

Incorporar nossos cinco sentidos tem funcionado espetacularmente bem ao conectar emocionalmente as pessoas aos rituais da fé. Pense nisso: a tremulação das velas devocionais; o incenso queimando e fumegando; a erupção do coro em canções de vibrante devoção. Há ostentação, trajes elaborados, comunhão, comida para ocasiões especiais. Mesmo o sexto sentido recebe um local especial no panteão das religiões mundiais.

Recentemente estava passeando em Tóquio quando esbarrei numa mulher que usava um perfume que me pareceu familiar. Pronto – uma arca do tesouro de memórias e emoções imediatamente começou a enxurrar minha consciência. A fragrância me levou 15 anos ao passado, para os dias de colégio em que tinha uma amiga próxima que usava exatamente o mesmo perfume. Por um breve momento, Tóquio desapareceu e eu permaneci ali, congelado no passado da Dinamarca (no sentido figurado e no literal, considerando quão gelado é por lá), subjugado pela fragrância familiar e pelas memórias felizes, tristes, assustadoras e confusas da adolescência.

As bibliotecas de nossa memória começam a acumular material desde o segundo em que nascemos. Fluida e flexível, essa biblioteca está constantemente aberta para redefinição e reinterpretação. Quando o fisiologista russo Ivan Pavlov realizou seu famoso experimento em 1899, ele provou ao mundo que se pode ensinar um cachorro a antecipar a comida pelo som de um sino. E esse comportamento reflexivo se estende aos seres humanos.

Pense no seu despertador de cabeceira. Você odeia quando o alarme estridente toca de manhã. Se, por alguma razão, você escuta o mesmo som no meio do dia, não seria nem um pouco surpreendente experimentar aquela mesma sensação desconfortável de "oh, não".

Do momento em que acordamos ao momento em que vamos dormir, os ânimos, os sentimentos e até os produtos que povoam nossas vidas são continuamente impressos em nosso gravador sensorial de cinco faixas. Acostumamos-nos com o som metálico da colher misturando o açúcar na xícara de café, o aviso sonoro de um *e-mail* recebido, o arrepio da vibração do BlackBerry, a musiquinha característica da AT&T quando estamos fazendo uma chamada de longa distância. Estamos até mesmo acostumados com (e somos emocionalmente transportados pelo) som de bipe no McDonald's, ou pelo sino de encerramento das 16h que soa na Bolsa de Valores de Nova York. Estudos mostram que marcas que incorporam som em suas páginas virtuais têm 76% a mais de chance de ter maior tráfego de internet – e que marcas com músicas que "se encaixam" em sua identidade de marca têm 96% mais chance de memorização imediata.[3] Ainda assim, curiosamente, poucas marcas decidiram tirar vantagem do fato de possuir um som específico. Por que isso?

Todos os dias somos soterrados pela comunicação de massa, incluindo mensagens de propaganda, mas elas apelam principalmente a apenas duas das cinco faixas disponíveis: olhos e ouvidos, o visual e o auditivo. Estamos tão acostumados com essa aproximação de duplo canal que nem pensamos a respeito. Reside aí o paradoxo. Como seres humanos, somos de longe mais receptivos quando operamos nas cinco faixas (nossos cinco sentidos); ainda assim, pouquíssimas campanhas publicitárias se preocupam em usar mais do que a visão e a audição para transmitir suas mensagens.

Você se lembra de quando comprou o primeiro carro novo? Ele tinha aquele definitivo – e intoxicante – cheirinho de carro novo. (Aposto que, se você fechar os olhos, pode sentir.) Muitas pessoas citam esse cheiro como um dos mais gratificantes momentos quando se compra um carro novo. Tanto quanto a lataria brilhante, os assentos antigos, os pneus preto e branco, aquele cheiro anuncia e transpira uma *novidade* "nunca antes dirigida".

Odeio desapontá-lo, mas não existe cheiro de carro novo – ao menos não orgânico. A fragrância "carro novo" pode ser encontrada no interior das latas de aerossol no chão da fábrica. Quando o carro sai da linha de produção, um funcionário borrifa a fragrância em seu interior. Em geral, o cheiro dura cerca de seis semanas antes de ser sobreposto pela agitação de sapatos sujos, revistas velhas, lavagem a seco e o copo plástico manchado de café que você tomou indo para o trabalho.

A fragrância "carro novo" é uma estratégia de *marketing* que apela diretamente e com sucesso para a fantasia. Recentemente, a agência de propaganda da Mitsubishi colocou um anúncio com fragrância em dois jornais importantes simulando aquele cheiro de "carro novo". O resultado: o Lancer Evo X da empresa estava esgotado em duas semanas e as vendas de carros da empresa cresceram 16%, mesmo durante a recessão.[4]

Ironicamente, nem o velocímetro nem seus esforços extremos de limpeza podem definir quando seu carro não é mais "novo" – é o lento declínio do cheiro de carro novo que cria a demarcação entre um novo e um "não mais tão novo" item do cotidiano. É claro, você sempre pode prolongar aquela ideia (e fantasia) de novidade visitando a loja de acessórios para veículos e comprando uma lata de cheiro de carro novo você mesmo!

Anos atrás, algo estranho aconteceu com um amigo enquanto dirigia o carro novo. A filha mais nova estava no banco de trás. Ele não é o mais talentoso motorista do mundo e, em algum ponto, desviou abruptamente, chegando a envolver-se em um pequeno acidente.

A menina ficou pálida e vomitou em todo o banco traseiro. Aquele foi o triste dia em que o carro perdeu seu fabuloso "cheiro de carro novo". E, conforme ele mesmo me disse mais tarde, foi o dia em que perdeu o "carro novo".

Enquanto espécie somos incrivelmente alheios ao modo como nossos sentidos interagem com as experiências diárias. Do outro lado de uma popular praia perto de onde moro, existe uma fileira de lojas que vende todo o tipo de equipamento de verão: guarda-chuvas, cangas, pranchas de surfe, bloqueador solar, refrigerantes, etc. Em um dia gelado de inverno, quando soprava um cortante vento meridional, uma amiga que precisava comprar um presente de aniversário de última hora entrou em uma dessas lojas para dar uma olhada na seção de joias. Sem saber por que, ela subitamente se percebeu explorando a prateleira de trajes de banho. Surpreendida pelo próprio comportamento, lentamente se deu conta de que o ar ao redor parecia inundado com o verão, mesmo estando a estação de mergulho a uns bons cinco meses de distância. Mais tarde, em conversa informal com os vendedores, ela pediu que eles revelassem o segredo da estação fora de época. Um balconista a levou até um canto da loja e apontou para uma máquina que estava bombeando um sutil porém discernível cheiro de coco. (No final, ela não comprou o traje de mergulho, mas uma semana depois marcou uma viagem para Fiji.)

Você pode encontrar esse mesmo poder de sugestão em qualquer lugar. Em Hong Kong, para receber diversos voos vindos da Alemanha, a administração do aeroporto colocou para tocar uma música de acordeão. Eu, assim como todo o mundo, senti como se tivéssemos aterrissado em Berlim. A Kellog's, especialista em cereais matinais, acredita que somos igualmente afetados pelas texturas que consumimos e pelo sabor da comida. Os Rice Krispies (conhecidos em algumas partes do mundo como Rice Bubbles), que não estalam, nem crepitam ou estouram, são desaprovados pela maioria dos consumidores e tidos como velhos, embora o gosto não seja diferente e o cereal ainda esteja perfeitamente bom. Então não surpreende que a Kellog's considere a crocância do cereal como algo que tem *tudo* a ver com o triunfo da marca, motivo pelo qual seus anúncios de TV enfatizam a crocância que escutamos e sentimos na boca.

A Kellog's passou anos estudando a ligação entre a crocância e o sabor. A empresa contratou um laboratório dinamarquês especializado em criar o preciso *som* de crocância de um cereal matinal. Como esperado, a Kellog's quis licenciar, patentear e se "apropriar" do som da crocância, assim como a receita e o logo do cereal. O laboratório criou uma crocância bastante característica especialmente projetada para a Kellog's, com uma diferença essencial: o som e a sensação particulares da crocância eram identificáveis e associados sem margem de erro à Kellog's, e qualquer um que pegasse uma tigela de flocos de milho em um *buffet* de café da manhã conseguiria reconhecer aqueles flocos anônimos como da Kellog's na primeira colheirada.

No dia em que a Kellog's lançou sua incomparável crocância no mercado, a marca começou a vender como água. Por quê? Porque a empresa conseguiu expandir a percepção de sua marca para incorporar quatro sentidos (incluindo o tato), em vez de meramente visão e audição.

Marcas que suscitam a maior quantidade possível de sentidos fazem sentido, com o perdão da repetição. De acordo com Ryan S. Elder e Aradhna Krishna, da Universidade de Michigan, "como o paladar é gerado por múltiplos sentidos – cheiro, textura, som e imagem –, os anúncios que apelam a esses sentidos terão um impacto significativo no sabor em relação aos anúncios que só mencionam o sabor". Em um experimento conduzido pelos dois pesquisadores, voluntários foram expostos a um de dois anúncios de chiclete. O *slogan* de um deles era "estimula seus sentidos", o do outro, "sabor duradouro" (apelava apenas para as papilas gustativas). De acordo com Elder, "o anúncio de múltiplos sentidos leva a mais pensamentos sensoriais positivos, o que, por sua vez, leva a uma percepção de sabor mais alta do que o anúncio de um só sentido. Demonstrou-se que a diferença em pensamentos determina as diferenças no paladar ".[5]

Imagine que você está passando em frente a uma padaria e sente o cheiro de pão quentinho. Não acontece com frequência. Os clientes dos supermercados do norte da Europa percebem que os pães recém-saídos do forno são dispostos com destaque na entrada das lojas. Apesar de não haver padaria por perto, se olharem para o teto com atenção, perceberão uma série de respiradouros especificamente criados para dispersar aromas de cozimento. Em geral, as vendas são altas, não apenas de produtos assados, mas de todas as linhas de produtos.

Em Hong Kong, para atender às exigências sanitárias, um mercado instalou uma padaria na entrada principal. Amplas janelas de vidro permitiam aos consumidores dar uma olhadinha para onde os pães e bolos eram assados. Os clientes podiam observar cada movimento feito pelos padeiros, enquanto o cheiro era deliberado e cuidadosamente canalizado para acionar os botões sensoriais que a loja pretendia, no intuito de gerar consumo. Mesmo durante a recessão de 2009, a loja realizou negócios significativos. A Bloomingdale's faz o mesmo ao borrifar o cheiro do talco Johnson em suas lojas. A Sony e a Samsung borrifam fragrâncias próprias que fazem os consumidores se sentirem inexplicavelmente serenos. Certa vez, em uma loja do tipo "faça você mesmo" na Alemanha, os consumidores começaram a sentir – como podia ser? – o aroma de grama recém-cortada. Mais tarde, quando perguntados sobre suas impressões do lugar, a resposta positiva havia crescido em quase 50%. Além disso, curiosamente, eles acharam a equipe mais empenhada e mais competente do que quando a loja não emitia cheiro algum. Conheço uma cadeia de artigos de cozinha que borrifa a fragrância de torta de maçã recém-saída do forno. As vendas, como esperado, cresceram em 33%.

Qual aroma você mais associa com cinema? Duvido que seja o cheiro de celuloide ou de outras pessoas. Não, é de pipoca. O cheiro de milho (e manteiga) pipocando se tornou tão fortemente ligado com ir ao cinema que, se não estivesse lá, você se perguntaria *onde estou?* O dono de um cinema em Chicago optou por instalar respiradores na rua, do lado de fora do cinema, canalizando o cheiro de pipoca para a calçada meia hora antes de o filme começar. Segundo ele, aquele cheiro magicamente evocativo ajudou-o a encher os assentos em questão de minutos.

Para ser honesto, a fragrância característica da pipoca, a textura e o som de crocrância dos flocos de milho ou o incomparável cheiro de carro novo têm pouco a ver com o produto em si, ou mesmo com seu desempenho. Ainda assim, esses componentes acabam exercendo um papel central em nossa relação com esses produtos. O estímulo sensorial não apenas nos faz agir de maneiras irracionais, como também nos ajuda a diferenciar um produto do outro. Os estímulos sensoriais se incorporam na memória a longo prazo; eles se tornam parte de nosso processo decisório.

Dê uma rápida olhada no que você está lendo: letras pretas em uma página em branco. É tudo o que eu tenho para convencê-lo de um mundo que pode ser realçado não apenas pela visão, mas por todos os outros sentidos que temos à nossa disposição. Imagine um mundo desprovido de cores em que tudo o que vemos está em preto e branco. Agora tente explicar a cor "vermelha" para uma pessoa que só tem a visão em preto e branco. É um desafio, no mínimo. Um desafio não tão diferente do que aqueles que enfrentam as marcas, porque, no fim, as marcas terão de migrar da tradição e da segurança de sua faixa bidimensional para começar a pensar na melhor forma de navegar em um mundo em Technicolor e com Sensurround. Pode ser um imenso passo para o mundo da propaganda, mas é um pulo essencial se os publicitários quiserem ser participantes estáveis nessa nova arena de experiência sensorial.

Isso começou há muito tempo. Mesmo lá em 1973, a Singapore Airlines rompeu as barreiras do *branding* tradicional com sua Singapore Girl – um movimento que se mostraria tão bem-sucedido que, em 1994, a Singapore Girl não apenas celebrou seu 21º "aniversário", como também se tornou a primeira "figura de marca" a ser disposta no celebrado Museu de Cera de Madame Tussaud em Londres. Antes do surgimento da Singapore Girl, a companhia aérea focava-se em promoções exclusivamente em *design* de cabine, comida, conforto e preços – ignorando a experiência sensorial completa à sua disposição.

A Singapore Airlines alterou as estratégias ao lançar uma campanha baseada na experiência emocional da viagem aérea. A Singapore Airlines era apenas outra companhia aérea? Não – dali em diante, eles seriam uma companhia de entretenimento! No processo, a Singapore Airlines inventou e desenvolveu uma coleção de ferramentas de *branding* inteiramente nova. A empresa rasgou seus velhos uniformes de equipe e os substituiu por outros feitos da mais fina seda. O *design* do tecido em si era baseado em padrões da decoração da cabine. As funcionárias foram enfeitadas e estilizadas por inteiro, até a maquiagem. Foram dadas apenas duas opções de combinação de cor às aeromoças, em uma paleta específica projetada para harmonizar com o esquema de cores da marca Singapore Airlines (o que vinha claramente definido no manual interno de aparência visual da empresa).

Na maioria das companhias aéreas, muitos detalhes são deixados ao acaso. Mas a Singapore Airlines se distinguiu por sua vigilante atenção aos detalhes – com frequência, chegando a um nível bizarro. Uma vez viajei pela empresa. Era uma longa viagem e eu estava entediado. O jantar já fora servido e, distraído, comecei a brincar com meu prato vazio que, para variar, vinha adornado com o logo da Singapore Airlines. Girei o prato dez graus para a direita. Nada demais, certo? Errado. Alguns minutos depois, uma aeromoça se aproximou e gentilmente, sem dizer uma palavra, girou meu prato de volta à sua posição original. Depois ela sumiu. Como uma criança desafiando uma autoridade, girei o prato de novo. A mesma coisa aconteceu – a comissária apareceu do nada e o devolveu à sua posição original. Naturalmente, não pude deixar de lhe perguntar por quê. A resposta? A Singapore Airlines tem um manual para tudo, incluindo como e onde a louça deveria ser colocada. Se estiver fora do lugar por um único centímetro que seja, o funcionário recebe um alerta. Na segunda vez, ele fica de castigo, e tem de refazer o programa de treinamento da companhia. Na terceira vez? Eu estava assustado demais para perguntar.

Não surpreende que levou pouco tempo para a Singapore Girl se tornar um ícone internacional, o que naturalmente repercutiu nos parâmetros de contratação da empresa. Os critérios para a adesão de funcionários eram rigorosos e inflexíveis. Os membros da tripulação da cabina tinham que ser mulheres abaixo dos 26 anos de idade. A maquiagem tinha de seguir um exigente manual projetado pelo departamento de *marketing* da companhia. Os corpos das funcionárias tinham de caber em um uniforme feito sob encomenda. A boa aparência tinha de ser comparável às das modelos usadas na propaganda impressa e televisiva da companhia. As candidatas não apenas tinham que "parecer" com a marca Singapore Airlines: tinham que "agir" como a marca – o que incluía instruções rigorosas sobre como se dirigir aos passageiros, como se movimentar a bordo e como servir as refeições. (Até mesmo os anúncios do capitão foram cuidadosamente redigidos pela agência de propaganda.) A companhia aérea foi longe a ponto de realizar testes de pesagem aleatórios. Eles literalmente tinham uma pessoa a bordo pesando os funcionários! Se uma aeromoça estivesse muito redonda, ela ia para o castigo.

Por mais politicamente incorreto que isso soe em muitos países, a Singapore Airlines orientou-se pelo objetivo de estabelecer uma verdadeira experiência sensorial de marca que foi muito mais longe do que um típico passageiro de aeronave costuma ver ou ouvir.

O *branding* sensorial da Singapore Girl alcançou seu apogeu ao final dos anos 1990, quando apresentou o Stefan Floridian Waters. Tratava-se de um aroma especificamente projetado como parte da marca Singapore Airlines. Stefan Floridian Waters não apenas criou a fragrância do perfume das comissárias de bordo, como foi acrescentado às toalhas quentes servidas antes da decolagem, permeando a frota inteira da Singapore Airlines. Essa fragrância se tornou desde então uma marca registrada distinta e inconfundível da Singapore Airlines.

Curiosamente, quando se pede para descrevê-la, pouquíssimas pessoas conseguem recordar a fragrância. As que conseguem a descrevem como suave, exoticamente asiática, com uma aura característica do feminino. No entanto, quando você pergunta sobre a fragrância para os passageiros que voltam a voar pela Singapore Airlines, todos afirmam que reconhecem o cheiro instantaneamente assim que sobem na aeronave (uma vez recebi um *e-mail* de um homem que me disse que a fragrância o transportava direto para um voo da Singapore Airlines em que ele e a esposa desapareceram no banheiro e... você pode imaginar o resto). Imaginem: a fragrância que pode potencialmente dar o pontapé inicial em um caleidoscópio de memórias suaves, confortáveis, sem turbulência e até mesmo sensuais – todas refletindo a marca Singapore Airlines.

MARCA INSÍPIDA

Foi há apenas 50 anos – durante os anos 1950, na verdade – que a primeira evidência documentada sobre os efeitos positivos do *branding* foi publicada. Na época, parecia que os consumidores estavam dispostos a pagar mais por produtos de marca – mesmo que os itens sem marca fossem da mesma qualidade, aparência e sabor. É difícil acreditar, mas muito do conhecimento que temos hoje sobre *branding* tem suas raízes nos anos 1950 e 1960.

O foco intenso na construção de uma marca ao redor de sua "personalidade" – ou seja, dar valores, sentimentos e associações a um carro ou a um computador ou a uma camiseta de grife no intuito de distingui-los da concorrência – evoluiu nos anos 1970 e 1980. Desde então, houve pouca ou nenhuma mudança extraordinária na forma como os consumidores percebem as marcas. Mesmo a internet ainda usa anúncios em *banners* como ferramenta principal de propaganda, embora esses anúncios não possuam nenhum alicerce interativo de verdade. Será que existe diferença entre essa tática e mostrar *slides* de sorridentes açougueiros, banqueiros ou floristas locais em um cinema antes do filme começar? Falando sério – quem na plateia se senta lá com um papel e caneta iluminados, anotando os telefones e endereços que passam nesses *slides* tediosos? É uma cartilha ilustrada de um uso inadequado de mídia.

Há poucas dúvidas de que a comunidade do *marketing* é criativa e tecnologicamente mais sofisticada em sua execução de comerciais de televisão, anúncios impressos, *outdoors* e promoção em rádios. Mas todas as técnicas de comunicação usadas hoje têm uma coisa em comum: são baseadas em dois sentidos – imagem e som. Isso, repito, vai de encontro ao fato de que os seres humanos têm três sentidos adicionais que poderiam ser incluídos.

Você está me ouvindo, me ouvindo, me ouvindo...

A repetição tem sido uma das técnicas mais usadas pelos publicitários para garantir que os consumidores compreendam e se lembrem das mensagens recebidas. Em média, um consumidor vai ver ou escutar uma campanha clássica de TV três vezes (incidentalmente, não importa onde – no quarto, na cozinha, no aeroporto – o consumidor tenha acesso a comerciais de televisão). Talvez nem seja preciso dizer que, quanto mais frequente for a repetição da mensagem, melhor será a lembrança dela entre os consumidores. O mesmo vale para as marcas. Portanto, é irônico que inúmeros comerciais de TV usem as mesmas melodias esquecíveis e os mesmos *voiceovers* indistintos – irônico porque hoje sabemos que a maioria das pessoas não assiste mais a anúncios de TV. Quando muito, "ouvimos de longe" enquanto estamos fazendo café, passando roupa, dando nó na gravata, lendo um livro, nos vestindo, procurando meias, brincando no iPhone, bebendo suco de laranja ou conversando com familiares. Claro, de vez em quando vamos dar uma olhada rápida para a tela se um som ou mensagem interessante chegar aos nossos ouvidos – e só.

Mas, se os anunciantes usam os mesmos sons, *voiceovers* e trechos de música, que mensagem de marca permanece? Nenhuma.

Obviamente, existe um limite para a quantidade de vezes que os anunciantes podem repetir exatamente as mesmas mensagens. Até que ponto eles podem saturar as ondas de rádio com mensagens e ainda esperar que algum de nós preste atenção? Assista *qualquer* canal de notícias e a tela estará recheada de barras de notícias, fitas telegráficas, índices da bolsa e atualizações de notícias, sem falar nos dois apresentadores falando – tudo em uma única tela. Enquanto estive sentado em um estúdio de TV da Bloomberg recentemente, o entrevistador aguardou o intervalo comercial para me informar que os telespectadores raramente prestam atenção na barra de informações do canal. "Então por que vocês a mantêm?", perguntei. Porque, descobriu-se, eles dão aos telespectadores a impressão de dinheiro e informação instantaneamente transmitida e continuamente atualizada. Em suma, era mais uma questão de percepção dos telespectadores do que uma necessidade de fato.

A realidade é que as pessoas estão gastando menos tempo na frente da TV, menos tempo lendo revistas e menos tempo escutando rádio. E, no entanto, ao longo dos últimos anos, os anunciantes aumentaram os gastos em cerca de 3% ao ano, apesar de o número ter caído velozmente durante o primeiro trimestre de 2009 em razão da recessão global.[6] Pelo mesmo motivo, 15 anos atrás estimava-se que o consumidor médio recebia 3 mil mensagens de marca por dia – um número que aumentou para 5 mil.[7] Em 1965, o consumidor médio recordava 34% dos anúncios mostrados na TV. Em 1990, ele podia recordar-se de apenas 14,5%.[8] Gasta-se cada vez mais dinheiro para executar campanhas de marca cada vez menos eficazes – e muito menos memoráveis.

Em suma, a propaganda está diante de um desafio.

ESTOU SENTINDO ALGO

Vamos ao cinema? Tirando os diálogos, os efeitos sonoros e a música, tenho certeza de que você concordaria comigo que não sobra muito para nos entreter. Tente remover as imagens e o diálogo e simplesmente cantar junto com a trilha sonora. De novo, coisas que dificilmente vão manter qualquer um grudado na cadeira. A graça do entretenimento cinematográfico vem da combinação de áudio e vídeo. Um sentido mais o outro não é igual a dois, mas a cinco.

A fabricante brasileira Bauducco tentou apelar a uma base de consumidores mais jovem ao canalizar o aroma de chocolate nos cinemas, enquanto mostrava na tela uma prévia do produto principal da empresa, o *panettone* de chocolate. A campanha se mostrou um enorme sucesso.[9] Uma empresa líder de fragrâncias, a Cinescent, dá aos profissionais do *marketing* a oportunidade de borrifar suas fragrâncias de marca nos cinemas alemães enquanto comerciais daquelas mesmas marcas aparecem nas telas. Um anúncio da Nivea mostrou uma cena de praia ensolarada, com banhistas deitados em toalhas e espreguiçadeiras. As ondas batiam. As gaivotas emitiam sons. Nesse ponto, o cheiro de protetor solar da Nivea foi espalhado no cinema, junto com o logo da Nivea e a *tagline* "Nivea. O Cheiro do Verão". De acordo com os resultados de enquetes na saída do cinema, os frequentadores do cinema mostraram um impressionante aumento de 515% de recordação do anúncio da Nivea, comparados aos frequentadores que assistiram ao mesmo anúncio sem o cheiro.[10]

A evidência é esmagadora. Em que ponto nos perguntamos se 2 + 2 =5 é o suficiente? E se conseguíssemos adicionar gosto, toque e cheiro? Não estaríamos acrescentando dimensões mais amplamente persuasivas? Poderia a fórmula ser simples como: som + visão +

toque + cheiro + gosto igual a: 2 + 2 + 2 + 2 + 2 = 20? Estaríamos então descobrindo uma sinergia positiva em (e entre) cada um de nossos cinco sentidos? É verdade que a comida com cheiro delicioso é mais saborosa? Ou que um telefone celular mais pesado de alguma forma sugere um aparelho de melhor qualidade? Um perfume cheira melhor se estiver engarrafado em um recipiente com mais estilo? Para além do aspecto visual e sonoro, não terá uma marca mais valor se transmitir um sentido olfativo, gustativo e tátil?

Pondo desta forma: a revista nova-iorquina *Condé Nast Traveler* indicou a Singapore Airlines como Melhor Companhia Aérea. Quase todos os demais estudos independentes concordam – a Singapore Airlines está no topo. Isso ocorre a despeito do fato de a comida de a companhia aérea ser de média qualidade e o espaço para as pernas ser tão limitado quanto o de qualquer outra das empresas que entraram na lista das 20 melhores.

Até que ponto podemos pensar no aumento das vendas em um supermercado que borrifa o cheiro de pão recém-assado nos corredores como coincidência aleatória? Como podemos justificar a mulher radiante na Toys 'R' Us em Nova York, pegando todas as latas de Play-Doh que consegue carregar, enquanto o aroma característico do produto é pulverizado sobre sua cabeça ao redor da seção de brinquedos? Como podemos justificar a crocância de nossos cereais matinais sendo responsável por seu "sabor" mais fresco e mais gostoso? Como podemos explicar nossa decepção quando nossas câmeras digitais não "clicam" quando tiramos uma foto, ou quando nosso café liofilizado não faz o som característico de ar saindo quando desenroscamos a tampa pela primeira vez? Como podemos explicar que, em um estudo conduzido por mim, a mera imagem do formato característico do telhado do McDonald's, que é uniforme ao redor do mundo, levou o apetite dos consumidores por lanches *fast food* a aumentar bruscamente – assim, sem mais nem menos?

Ao final dos anos 1990, a Daimler Chrysler criou um departamento inteiramente novo no interior da empresa. Seu papel não era o de projetar carros, construí-los e nem mesmo colocá-los no mercado. Não, o objetivo era trabalhar exclusivamente no som das portas dos carros. Você leu certo: o *som*. Foi montada uma equipe de dez engenheiros para analisar e depois implementar o som perfeito da porta de um carro, para abrir ou para fechar. Eu sei, eu sei, os alemães têm suas maneiras precisas de fazer as coisas – mas ainda assim.

Ao longo dos anos, as montadoras aprenderam muito sobre o que importa na venda de um carro. Não se trata necessariamente do *design* do carro nem mesmo da velocidade que atinge em uma auto-estrada. Estudos mostram que o *design* do interior (incluindo o modo como as portas abrem e fecham) tem um grande papel na hora de determinar se um consumidor vai escolher um carro ou outro. Por quê? Porque, em geral, as mulheres reagem mais ao tato e à textura do interior do que às características externas. Então, o modo como as portas fecham tende a ser um detalhe importante na percepção de uma consumidora sobre a qualidade automotiva. Uma vez, um engenheiro de carros de sucesso comentou comigo algo fascinante: as pessoas não compram carros da mesma forma que faziam há 20 anos. Hoje, a consumidora média que visita uma feira de automóveis primeiro senta no carro. Toca na direção. Passa a mão no estofamento. Sente o "cheiro de carro novo". Abre e fecha as janelas. Sai e fecha a porta, escutando o característico (e artificialmente fabricado) baque sonoro. Depois, verifica o motor, ou melhor, abre o capô e observa o que tem dentro por um minuto ou dois sem expressão nenhuma. Na verdade, cerca de 99% dos consumidores não tem a mais vaga ideia do que há dentro do capô de um carro, desde que o maquinário se tornou tão técnico e digitalizado. O que aquela pequena caixa vermelha significa? E aquela amarela, então? Me pegou. Depois de fechar o capô, em geral ela vai examinar o design do carro, antes de deslizar de volta para o assento do motorista e saborear o cheiro.

O que está faltando aqui? Que tal um consumidor se perguntando: *Esse carro anda bem? É seguro? Faz quantos quilômetros com um tanque? Qual o seu valor de mercado após cinco anos? E após 10?* Agora você sabe por que os engenheiros de automóveis empenham tanto esforço para criar a primeira impressão de um carro. Porque, na realidade, como o engenheiro me disse, nossas reações sensuais são as únicas nas quais confiamos quando estamos nos decidindo sobre comprar ou não um carro novo.

A Daimler Chrysler entende isso – então por que não as demais marcas?

ELES LÁ, OS OLHOS

A visão é imensamente sedutora – nem é preciso dizer. Reparem no teste de comida e cor que o Dr. H. A. Roth realizou em 1988. Ele pegou bebidas e coloriu-as em vários graus de intensidade. Então ele perguntou a alguns voluntários qual bebida era mais doce. Centenas de estudantes fizeram o teste – e erraram. Eles acreditavam que, quanto mais forte a cor, mais doce a bebida. Mas, na verdade, era o oposto: quando mais forte a cor, mais azeda a bebida![11]

Em outro teste, C. N. DuBose pediu que as pessoas provassem bebidas de uva, lima-limão, cereja e laranja. Os voluntários não tiveram dificuldade em identificar corretamente o sabor quando a cor combinava. Mas, quando a cor e o sabor eram trocados, apenas 30% dos voluntários que provavam a de cereja conseguiam identificar o sabor correto. Na verdade, 40% acharam que a bebida de cereja era de lima-limão.[12]

A visão, é claro, tem muito a ver com a luz. Lá no século V a.C., os gregos já reconheciam a ligação entre o olho e o que estavam vendo. No século IV a.C., Aristóteles rejeitou a ideia de um "fogo visual" emanando do olho humano, argumentando que, se a visão fosse produzida por fogo no olho, os seres humanos conseguiriam enxergar no escuro. Nada além da verdade. A diferença entre a visão diurna e a noturna é que a visão noturna não enxerga cores. Para entender verdadeiramente o que um artista vê quando está pintando um quadro que você admira, pense em olhar o tema sob a mesma luz.

Um dos movimentos artísticos mais revolucionários da história ocorreu quando um grupo de artistas franceses do século XIX, que vieram a ser conhecidos como impressionistas, começaram a estudar a sério os efeitos da luz. Em essência, o trabalho deles é um estudo das impressões que a mudança de luz transmite em um dado objeto. Ao montarem as tintas e os cavaletes ao ar livre, eles pintaram pilhas de feno e lírios d'água e coisas do tipo, inúmeras vezes. Cada pintura retrata um instante diferente do dia, assim como mudanças de minuto nas estações.

Dentro do alcance da luz visível, vários comprimentos de onda aparecem para nós como cores diferentes; portanto, a maioria das cores que vemos são compostas de uma série de comprimentos de onda. Em geral, entende-se o olho como um dispositivo que tem o mesmo funcionamento de uma câmera, em razão de ter a função de enviar uma imagem perfeita ao cérebro. Isso, por sua vez, dá margem a uma compreensão errônea tão difundida que até mesmo tem um nome – "a falácia do homúnculo" (*homúnculo*, do latim, "homenzinho"). A falácia é a ideia de que, quando vemos alguma coisa, uma pequena representação dela é transmitida ao cérebro para ser vista por um homenzinho.

A função do sistema visual é processar os padrões de luz tornando-os informações úteis ao organismo. Os seres humanos têm uma acuidade (resolução) visual surpreendentemente baixa em partes do campo visual que não estejam no centro do que estivermos olhando. Somos pouco conscientes disso, visto que, em geral, movemos nosso centro de contemplação para o que quer que queiramos ver.

A luz passa pela pupila, e a lente focaliza a imagem na retina, um conjunto de camadas de tecido nervoso que guarnece o fundo do globo ocular.

Existem fotorreceptores nas primeiras camadas da retina com substâncias que absorvem luz. Os sinais passam pela primeira camada para as células ganglionares, que enviam o sinal através do nervo óptico do olho até o cérebro. Isso então se traduz no que vemos – uma criança, uma margarida, um carrossel, um guarda-chuva, um cesto de filhotes.

Dito isso, todos nós vemos de forma diferente. Meio cheio ou meio vazio. Você diz que é laranja, eu digo que é escarlate. A visão, como dizem, está mesmo nos olhos de quem vê – motivo pelo qual empresas como a célebre Pantone se especializa em desenvolver ferramentas para ajudar os *designers* a transmitir as cores.

O visual de marca

Examinemos a marca Coca-Cola do ponto de vista puramente visual. A Coca-Cola tem (para dizer o mínimo) um sentido de cor muito inequívoco. Sempre que há Coca-Cola, há vermelho e branco, simples assim. A empresa leva suas cores extremamente a sério. Você sabia que o Papai Noel tradicionalmente se vestia de verde até que a Coca-Cola começou a promovê-lo maciçamente nos anos de 1950? Hoje, em todos os *shopping centers* do mundo ocidental, o Papai Noel veste as cores da Coca-Cola. O uso consistente de cores, a fita dinâmica, a tipografia e o logo da Coca-Cola estabeleceram uma imagem clara que sobreviveu por décadas e é inconfundível a todos que já foram expostos à marca.

SOMOS TODOS OUVIDOS

Quando eu era criança, lembro-me de um dia em que pediram a meus colegas de classe e eu que sentássemos silenciosamente em um círculo no chão e nada fizéssemos por dois minutos. Não havia som fora do comum ou mais alto do que os outros, *jazz* ou música clássica tocando, apenas... silêncio. Ainda assim, quando perguntados, todos nós pudemos lembrar de ter escutado *alguma coisa*. E cada um de nós escutou algo diferente. Para alguns, foi tosse, para outros foram passos, ou uma porta batendo. Tráfego. O farfalhar das folhas. Eu escutei o tique-taque de um relógio.

A audição infantil é bem mais aguda do que a dos adultos. Eles conseguem reconhecer, e o fazem com facilidade, uma variedade bem mais ampla de ruídos. Com o envelhecimento, perdemos nossa sensibilidade auditiva, como qualquer um que já teve seus tímpanos estourados por um iPod pode lhe dizer.

Assim como o cheiro se conecta à memória, o som se conecta ao ânimo. O som na verdade *cria* o ânimo, assim como sentimentos e emoções. Seriam *Love Story* e *The Notebook* tão emocionantes se você os assistisse com o som desligado?

Assim como as vibrações de um tambor, ou as ondulações em um lago, o som se origina do movimento ou da vibração de um objeto – movimento esse que envia vibrações ou ondas sonoras pelo ar. O ouvido externo afunila essas vibrações para dentro do canal auditivo, que se move por um processo similar ao código Morse até que atinja o tímpano, que então inicia uma reação em cadeia de vibrações. O tímpano vibra e bate nos três menores ossos do corpo, movendo o som através de uma janela oval até o labirinto do ouvido, cheio de passagens sinuosas. Na frente do labirinto há um tubo enrolado, parecendo uma concha de caracol. Aqui, aproximadamente 25 mil receptores pegam os sinais e os enviam ao cérebro – o resultado disso tudo é que "escutamos".

Muitos alegam que a perda da audição é pior do que a perda da visão. Em uma carta de 1910, Hellen Keller escreveu: "Os problemas da surdez são mais profundos e mais complexos, se não mais importantes, do que os da cegueira. A surdez é um infortúnio muito pior. Porque significa a perda de um dos estímulos mais vitais – o som da voz que traz a linguagem, fomenta os pensamentos e nos mantém na companhia intelectual do homem."[13]

VOCÊ ESCUTA O QUE EU ESCUTO?

A segunda dimensão bastante usada pelos profissionais do *marketing* no processo de construção de marca é o uso do áudio. Mesmo estando a tecnologia de áudio disponível há mais de 100 anos, o uso do áudio ainda tem um longo caminho a percorrer.

Usando o mesmo critério que aplicamos ao visual de marca, a Intel se destaca como a empresa com o uso de som mais claro, mais característico, consistente e memorável. A melodia Intel Inside existe desde 1998, tornando o invisível (e invencível – aquele lendário *chip*!) visível por meio do som curto e distinto usado em todas as campanhas publicitárias da Intel. Pesquisas mostram que o *jingle* da Intel, também conhecido como "a onda", é tão conhecido quanto o logo da empresa. Na verdade, estudos têm mostrado que, em muitos casos, as pessoas se lembram da onda da Intel muito melhor do que do logo. Ironicamente, quase ninguém chegou a alguma vez ver o produto de fato. Está metido lá dentro de uma caixa que poucos consumidores se atrevem a abrir. Ao mesmo tempo, conhecemos o som e as cores, e reconhecemos o logo, tudo isso transmitindo uma mensagem característica e bem-planejada sobre o que há ali dentro – sem que nem uma vez tenhamos visto o produto em si.

ISSO É TUDO?

Até agora, falamos sobre construir e manter uma marca. Visual arrasador. Áudio destruidor. Dito isso, visite na internet os *sites* das Top 1.000 marcas da *Fortune*, e você vai se dar conta rapidamente de que apenas 14% usam o som como elemento *on-line* integrado. Além disso, apenas 11% das marcas usam o vigor do áudio para se tornarem mais distintas, claras, consistentes e memoráveis.

Pense no seguinte: quando você abre uma garrafa ou lata de Coca, há um som característico e profundamente satisfatório. Ninguém nunca pensou em patenteá-lo. Também existem as notas iniciais da Microsoft. No entanto, a Microsoft muda essas notas a cada vez que lança uma nova versão do sistema operacional. O que acontece com a melodia quando os consumidores escutam os comerciais de TV da Microsoft, usam o XBox da Microsoft, ligam um telefone da Microsoft ou visitam o *site* da Microsoft? Não o escutamos em lugar algum. (De acordo com um executivo da Microsoft com quem conversei, a assinatura musical da Microsoft era "responsabilidade de outra divisão" e, portanto, a razão pela qual não estava integrado em todos os pontos de contato da marca). Alguém pode se perguntar por que a Porsche não patenteou aquele cheiro de Porsche novo, ou por que a Motorola se nega a usar seu toque de celular como assinatura consistente em seus produtos de contato. Afinal, 15% dos usuários de telefone celular do mundo escutam o aparelho Motorola tocando aproximadamente nove vezes ao dia.

Jean-Martin Folz, presidente da gigante do setor automobilístico PSA Peugeot Citroën, decidiu adotar uma estratégia de *branding* sensorial para criar uma identidade sonora em duas marcas de carro muito distintas. Por algum motivo inexplicável, essa identidade sonora era usada internamente, e não para fins comerciais. A cada manhã, quando os 65 mil funcionários da empresa ligam o computador, eles são cumprimentados pela melodia característica da empresa, e não pela conhecida musiquinha do Windows. A melodia do grupo PSA também foi aplicada à música de espera nos telefones da empresa. E foi ainda mais longe. Todas as vezes que Folz dá um discurso sobre a estratégia do grupo, a música é tocada como introdução, antes que ele suba até o palco.

Então por que não levá-la para fora da Peugeot Citroën direto aos ouvidos do consumidor? Afinal de contas, se a Ferrari pode construir um *site* em que todos os botões clicados expõem os viciados em internet (e em carros) ao som característico do rugido da Ferrari, qualquer fabricante de carro pode fazer o mesmo.

NO AR ESTA NOITE

Você pode fechar os olhos, tapar os ouvidos, evitar o toque e rejeitar o sabor, mas o cheiro é um elemento essencial do ar que respiramos. É o sentido que não conseguimos desligar (a menos que usemos um prendedor de roupa). Cheiramos cada vez que respiramos, o que ocorre cerca de 20 mil vezes por dia. O olfato é também o sentido que mais subestimamos. Pensando a respeito, não há atividade cultural direcionada exclusivamente ao nariz – não há galerias de farejamento, não há concertos escritos para nos envolver com o odor, não há um menu especial de cheiros criados para grandes ocasiões, e ainda assim... é o nosso sentido mais básico e direto.

Alguma vez você já observou um animal em um local novo? A primeira coisa que ele faz é cheirar em volta. Os odores dão aos animais a maioria das informações de que precisam para calcular sua potencial segurança. Na verdade, uma vez, em celebração ao Dia Mundial do Animal (e, é claro, obviamente para incrementar as vendas), os fabricantes da comida para cachorro Pedigree colocaram adesivos sutilmente perfumados nos pisos e calçadas em frente a *pet shops* e supermercados. Quando um cachorro na rua inalava o falso cheiro de comida, ele ficava imediatamente feliz e deixava os donos dos animais – que não sentiam nada – perplexos, sem conseguir passar pelas lojas sem ver as latas de Pedigree expostas na vitrina.[14]

Conforme referido antes, os cheiros também são extraordinariamente poderosos em evocar memória. Você pode estar com problemas para relembrar os pequenos detalhes de sua casa de infância, mas uma baforada de pão caseiro pode transportá-lo instantaneamente de volta no tempo. Como Diane Ackerman escreveu em seu estudo lírico, *A Natural History of The Senses*, "acenda o estopim do olfato, e as memórias explodem todas de uma vez. Uma visão complexa salta fora do matagal".[15]

Poucos escritores conseguiram descrever o nariz com mais elegância do que Lyall Watson. Em *Jacobson's Organ (O Orgão de Jacobson)*, seu abrangente e idiossincrático estudo do olfato, ele se refere ao cheiro como um "sentido químico". "As células receptoras do nariz", explica ele, "traduzem as informações químicas em sinais elétricos. Elas viajam pelos nervos olfativos até a cavidade craniana, onde se reúnem nos bulbos olfativos. Esses, por sua vez, alimentam o córtex cerebral, onde ocorre a associação, e sinais sem nome se transformam na fragrância de uma rosa favorita ou no almiscarado alarme de um gambá irritado."[16]

É quase impossível descrever o olfato em palavras, motivo pelo qual costumamos "pegar emprestado" do mais amplo vocabulário de comida e sabor para descrever um cheiro. Watson aponta como é escasso o vocabulário para os odores auxiliares (por exemplo, que cheiro tem uma casa ou um armário) em todas as culturas. "Só na África Central, os odores auxiliares são descritos como fosfóricos, rançosos, almiscarados, de queijo, de avelã, de alho e de amoníaco."[17] Uma vez, visitando a África, tive o prazer de conhecer uma tribo local altamente idiossincrática. Aprendi que, quando aceitos na tribo, os novos membros devem tirar a roupa, dar todos os seus pertences e depois vestir um pano marrom característico. Pede-se também que as pessoas esqueçam os nomes que receberam. Então, como essa tribo identifica uns aos outros? Por meio do olfato. Sem percebermos, todos nós emitimos um odor distinto. Para aqueles com narizes altamente treinados, como esse povo, os nomes eram dados com base no cheiro do indivíduo.

A forma como percebemos o odor corporal é, como já vimos, culturalmente determinada. Alguns mexicanos ainda acreditam que o cheiro da respiração de um homem é mais responsável pela concepção do que seu sêmen. No Japão, 90% da população não têm odor detectável nas axilas, e os rapazes que forem azarados o suficiente para pertencer à minoria fedorenta podem ser desqualificados do serviço militar apenas por isso. Napoleão não se importava com isso. Ele escreveu à Josefina: "Chegarei a Paris amanhã à noite. Não tome banho".[18] George Orwell não compartilhava a paixão de Napoleão e, quase um século mais tarde, escreveu: "O verdadeiro segredo da distinção de classe no Ocidente pode ser resumido em quatro palavras assustadoras... *as classes inferiores fedem*". [19]

Jack Holly, fuzileiro naval dos Estados Unidos que liderou patrulhas no Vietnã, afirmou o seguinte: "Estou vivo por causa do meu nariz. Você não consegue enxergar um *bunker* camuflado que está à sua frente. Mas você não consegue camuflar o cheiro. Eu podia sentir o cheiro dos vietnamitas do norte antes de escutá-los ou vê-los. O cheiro deles não era como o nosso, não era como o dos filipinos, nem como o dos vietnamitas do sul. Se eu sentisse aquele cheiro de novo, saberia".[20]

O aroma não foi construído em um dia

Se você concorda comigo até aqui, tenho certeza de que estará ainda mais surpreso em saber que pouquíssimas marcas criaram um aroma distinto; menos de 6% das Top 1.000 da lista da *Fortune* chegaram a sequer pensar no assunto.

Mas, assim como o som e a imagem da marca precisam ser claros e distintos, o mesmo ocorre com o cheiro. Não estou falando em uma rajada de polpa de tomate ou de frango assado. Estou falando apenas de um perfume sutil que, em alguns casos, está tão completamente integrado com a marca que você mal vai perceber. Pode até ser um cheio *ruim*! Uma vez trabalhei com uma empresa que fabricava um limpador de chão poderoso cujo cheiro era tão potente em termos químicos que o diretor de *marketing* decidiu trocar o cheiro para rosas. Adivinhem? As vendas caíram quase 27%. O fato é que, para os consumidores, o cheiro desagradável indicava que o limpador de chão *funcionava*.

Conduzi um estudo de bastante repercussão entre os consumidores, perguntando-lhes quais eram as associações sensoriais que faziam com a Starbucks. As duas principais foram:

a) o som das máquinas moendo grãos de café e
b) o cheiro de leite azedo.

Então, não pude deixar de perceber que, no começo de 2008, Howard Schultz, fundador e CEO da Starbucks, emitiu uma ordem para toda a empresa para fechar 7.100 lojas por diversas horas – digamos assim – para dar uma modernizada nas coisas. Incluindo, imagino eu, no cheiro.

NÃO PERCA CONTATO

O tato é a ferramenta da conexão; quando todo o resto falha, a pele pode ajudar. Essa foi a experiência de Hellen Keller, que se tornou surda e cega por causa de uma doença. A criança indisciplinada foi arrastada para a bomba d'água pela professora, Annie Sullivan, que segurou sua mão sob o fluxo d'água enquanto escrevia Á-G-U-A na palma. Isso marcou o começo de uma jornada tortuosa e hoje lendária que acabou levando à alfabetização e abriu o mundo do Braile e dos livros que poderiam ser lidos somente com as pontas dos dedos.

Como muitos sabem, a pele é o maior órgão do corpo. Estamos instantaneamente alertas ao frio, calor, dor ou pressão. Especialistas estimam que, nos cérebro, existem 50 receptores por 100 milímetros quadrados, cada um contendo 640 mil microrreceptores dedicados a nossos sentidos.

À medida que envelhecemos, esses números diminuem e perdemos sensibilidade nas mãos. Contudo, nossa necessidade de toque não diminui, e existe além da detecção de perigo. Basicamente, precisamos do estímulo do toque para crescer e florescer.

Uma vez, o Dr. John Benjamin conduziu uma série de experimentos na University of Colorado Medical Center. Dois grupos de ratos receberam ferramentas idênticas para sobrevivência – comida, água e um alojamento seguro. A única diferença é que os ratos de um grupo eram acariciados e afagados, e os outros totalmente ignorados. O resultado? Os ratos acarinhados "aprenderam mais rápido e cresceram mais rápido".[21]

A palavra *toque*, é claro, envolve um mundo de significados. Tentamos "manter con*tato*" com os amigos e "perdemos con*tato*" com os outros. As pessoas são apegadas ao "toque pessoal" como expressão de um idioma pessoal. Sentimo-nos "tocados" por gestos de carinho e preocupação e expressamos desgosto ao nos recusarmos "tocar em algo com uma vara de dez metros". Somos "tocados" pela loucura ou por um pouco de sol. E a lista continua....

Naturalmente, o toque também nos alerta para o nosso bem-estar geral. A dor viaja da pele para o cérebro e aciona sistemas de alerta que exigem atenção. Aqueles que não sentem dor podem sustentar ferimentos sérios sem ter ciência do perigo. Um toque terapêutico também pode aliviar dor. A massagem tem sido um remédio prescrito para as tensões musculares e para a baixa circulação em países asiáticos, e nas últimas décadas a prática vem crescendo com velocidade no Ocidente. Os pastores e curandeiros colocam as mãos sobre os que precisam ser curados. Os japoneses tornaram-se peritos no *shiatsu*, um tipo de acupuntura usando os dedos.

Então, por que a maioria das marcas esquece esse sentido extraordinário?

O toque da marca

Descreva a textura das marcas que você ama. Para muitas empresas, isso não se aplicaria; ainda assim, quase 82% das marcas que aparecem na lista Top 1.000 da *Fortune* poderiam aproveitar a textura se tivessem consciência disso.

Uma das marcas mais características que apelam aos nossos sentidos táteis é a empresa de eletrônicos de luxo Bang & Olufsen. Como seus produtos só surgiram em 1943, eles concentraram os esforços tanto nos detalhes do *design* como na qualidade sonora. Uma de suas muitas inovações foi o controle remoto universal, permitindo que o usuário opere a televisão, o rádio, o CD, o DVD e a iluminação de cada cômodo com apenas um aparelho. Lançada em 1985, essa invenção evoluiu e se tornou um equipamento sensorial simplificado que transpira qualidade. Apesar do fato de que outras empresas lançaram um equipamento parecido, o controle remoto da Bang & Olufsen é pesado, sólido e totalmente exclusivo. Essa impressão de seriedade é duplicada em toda a linha de produtos da Bang & Olufsen, de telefones a caixas de som, incluindo fones de ouvido e a linha de acessórios inteira.

NA PONTA DA LÍNGUA

O paladar é detectado por estruturas especiais chamadas papilas gustativas. Acredita-se que as meninas são mais sensíveis ao sabor do que os meninos, porque, na verdade, as meninas *têm* mais papilas gustativas do que os meninos. Os seres humanos têm cerca de 10 mil papilas gustativas, concentradas em sua maioria na língua, com algumas no fundo da garganta e no céu da boca. Cada um percebe o gosto de forma diferente. Com o envelhecimento, o paladar muda e se torna menos apurado, permitindo que você passe a gostar de comidas que achava "fortes demais" na infância.

Existem quatro tipos de papilas gustativas: uma sensível a substâncias doces, outra a salgadas, azedas e amargas. Regiões gustativas diferentes da língua são melhores do que outras na hora de detectar determinados sabores, porque cada tipo está concentrado em diferentes regiões da língua. A ponta é melhor para as coisas doces (percebida na preferência infantil de lamber um pirulito ou sorvete em vez de mastigá-los), azedo nos lados, amargo no fundo e salgado por toda parte. O que pensamos ser o "paladar" advém da mistura desses elementos básicos. Sabores diferentes são distinguidos tanto pelo cheiro como por várias combinações de sabor.

Então de onde vêm nossas preferências gustativas? Os norte-americanos nascem amando o açúcar – os doces de infância prepararam nossas papilas desde cedo –, mas "amargo" é um gosto que muitos americanos aprendem a aceitar ao longo de nossas vidas, e é geralmente apreciado muito mais fora dos Estados Unidos.

Quando criança, lembro-me de uma excursão escolar a uma grande fábrica de salgadinhos na Dinamarca. Enquanto caminhávamos pelos anéis de milho, coloquei alguns na boca. Esperando aquele sabor de queijo delicioso e familiar, fiquei confuso quando não senti sabor nenhum. Literalmente nenhum. Tudo o que experimentei foi uma estranha textura na boca. Foi então que descobri que o salgadinho precisava passar por um processo de saborização antes de ser embalado. Até hoje me lembro daquela pavorosa insipidez, que serviu para me lembrar da importância do paladar.

Em geral, perder o sentido gustativo causa uma depressão profunda. Uma amiga minha que sofre desse fenômeno me disse que ela viveria sem qualquer um dos sentidos – menos o paladar. O paladar anda de mãos dadas com o olfato, e, se você perde a capacidade de sentir gosto, tudo o que resta, digamos, de um prato de *fettucine* do Alfredo é a textura e a temperatura da comida. Aqueles que sofrem essa perda relatam que a sensação é similar a esquecer como respirar. Não damos valor ao olfato e ao paladar, sem sabermos que tudo ao nosso redor tem um cheiro – isto é, até que nada tenha cheiro.

Como eu disse, o paladar e o olfato estão intimamente relacionados. Não seria incorreto presumir que as pessoas cheiram mais sabores do que os provam. Quando o nariz falha, digamos, em razão de um forte resfriado, o paladar sofre perda de 80%. Perda de paladar sem perda de olfato é bastante incomum. Quer saborear um alimento de forma totalmente sensorial? Então, observe sua aparência, sua consistência, sua temperatura. O autor de um respeitado periódico médico britânico acredita que, se os médicos se aproximassem mais dos pacientes, poderiam sentir o cheiro da enfermidade. Ele acredita que certas doenças liberam determinados odores: um paciente cheirando a pão de trigo integral pode ter febre tifoide, e uma fragrância de maçã pode indicar gangrena.

A maioria dos termos e frases descritivas que temos para o olfato estão associados com comida. Estima-se que o olfato seja 10 mil vezes mais sensível do que o paladar – tornando o paladar o mais fraco dos cinco sentidos.

Lábios flamejantes

Afora a indústria de comida e bebida, o paladar é um sentido trapaceiro e ardiloso para ser incorporado à maioria das marcas. Contudo, as marcas que conseguem incorporar o paladar podem claramente enriquecer o poder das marcas. O fato é: quase 18% das empresas Top 1.000 da *Fortune* poderiam adicionar o paladar a suas marcas; ainda assim, quase nenhuma chegou nem a considerar essa possibilidade.

A Colgate, que, ao contrário de muitas outras marcas de pasta de dente, patenteou seu sabor característico, é uma das exceções. Até hoje, eles não estenderam esse sabor característico a seus outros produtos, incluindo escovas de dentes e fios dentais. Então, apesar de terem sido totalmente consistentes em estabelecer a aparência Colgate em suas linhas de produtos, eles têm sido inconsistentes ao não adicionarem seu sabor único nos demais produtos além da pasta de dente.

Ainda assim, a Colgate provavelmente é considerada uma das poucas empresas que aplicam um gosto característico a seu produto principal, apesar de ainda haver um amplo espaço para incorporar o sabor se a marca quiser atrair mais consumidores.

O sabor da pasta de dente Colgate, o *design* soberbo do controle remoto da Bang & Olufsen, o som de onda digital da Intel e o esquema de cores vermelho e branco característico da Coca-Cola têm uma coisa em comum: criaram uma terceira dimensão potencial a seus produtos. Sua forte singularidade sensorial é característica o suficiente para que sejam reconhecidas sem o logo ou as pistas tipográficas usuais.

SUA ASSINATURA, POR FAVOR

Você já escutou a expressão "prato assinatura"? É o termo usado pelos *chefs* para descrever uma refeição específica pela qual são mais conhecidos. Ao longo do tempo, eles podem realçá-la, acrescentar um pequeno tempero aqui, ou uma erva adicional ali, mas, basicamente, é o prato principal com o qual são mais associados.

Esse fenômeno é fascinante não apenas porque permite que os *chefs* criem seu próprio nicho em um mercado altamente competitivo, como também levam a outros pratos relacionados ao prato "principal". Os clientes retornam ao restaurante porque sabem que tudo no menu estará em harmonia com esse prato assinatura. Tudo no ambiente também desempenha um papel: a decoração, a maneira como os garçons servem a comida, os pratos, o tato e o tilintar dos talheres e a atitude em geral dos funcionários. A comida em si? É apenas um elemento do pacote sensorial completo. O que torna uma refeição verdadeiramente inesquecível é a sinergia que existe entre os vários elementos do pacote sensorial completo. Se os *chefs* apelassem apenas ao sabor e ao aroma, duvido que o restaurante atraísse tantas visitas.

Os efeitos do *branding* sensorial são espantosos. Sim, é possível criar um comercial verdadeiramente espetacular, ou um *jingle* publicitário que você não consegue tirar da cabeça, mas sua eficácia dobra quando os dois elementos são combinados. Quer triplicar, ou até quadruplicar, esse mesmo efeito? Inclua qualquer um e todos os outros sentidos.

Essa sinfonia sensorial completa produz um efeito dominó. Da forma como as impressões são armazenadas no cérebro, se você aciona um sentido ele vai levar a outro, depois a outro... até o ponto em que um panorama inteiro de memórias e emoções vai se desdobrar instantaneamente. Proceder com dois elementos é apenas metade da história; criar uma sinergia com os sentidos é, ou deveria ser, o objetivo de *toda* marca na terra.

UM EFEITO SENSACIONAL!

Então, a ideia de *branding* sensorial soa bem em teoria? Bom, é necessário realizar algumas etapas práticas no intuito de transformar uma marca em uma experiência multissensorial. A criação de uma marca sensorial é um processo complexo. Cada passo é planejado de tal forma que a marca não perca sua identidade. Isso vai assegurar que as empresas não representem mal a marca, e, mais importante ainda, que elas não vão terminar em uma situação em que a marca não consegue cumprir as promessas que faz.

DESCONSTRUA SUA MARCA

Em 1916, pediram ao *designer* da Root Glass Company, de Terre Haute, em Indiana, que projetasse uma garrafa de vidro. Suas instruções foram bem diretas: projetar uma garrafa cujos pedaços (mesmo os cacos), quando quebrados, ainda fossem reconhecíveis como parte do todo. Ele fez o que lhe pediram. A garrafa que ele criou foi a clássica garrafa de Coca, um dos mais famosos ícones de vidro já criados. A garrafa ainda está em circulação, ainda é reconhecível, e tem passado pelo teste da desconstrução há quase um século.

A história da garrafa de Coca revela um fascinante aspecto de uma perspectiva de construção de marca, porque, em teoria, todas as marcas deveriam conseguir passar por um teste idêntico. Pense nisto: se a empresa removesse o logo da marca, ela ainda seria reconhecível? Você ainda conseguiria reconhecer um computador Apple se a palavra "Apple" não aparecesse? No meio de uma entrevista que dei em um estúdio de TV no norte da Europa, o produtor do programa trouxe um computador – um *laptop* da Apple cujo logo havia sido colado com um adesivo em branco. Em frente ao público, ao vivo, o entrevistador garantiu subitamente que a estação de TV nunca aceitou *merchandising* televisivo ou promoveu marcas. Bem, eu não podia deixar *aquilo* passar. Peguei o MacBook, levantei-o em direção à plateia no estúdio e lhes pedi (contando até três) para gritaram o nome daquela marca. Desnecessário dizer, todos eles gritaram "Apple!". E em relação a uma caixa de Triscuits, uma moto Harley-Davidson, uma Ferrari, um maço de Marlboro? Apenas as cores, os gráficos e as imagens sozinhas passariam pelo teste da desconstrução?

É um exercício interessante a se pensar. Duas orelhas negras de um rato conhecido são instantaneamente reconhecidas como Disney. Uma Singapore Girl sugere a Singapore Airlines. E que tal uma fotografia em preto e branco de um rapagão musculoso e depilado com abdôme tanquinho? Abercrombie & Fitch, é claro. Esses são apenas componentes da marca, e ainda assim são inconfundíveis.

O truque é criar cada elemento de forma a ser tão forte, tão capaz de funcionar sozinho, e ao mesmo tempo tão bem integrado que possa levar a marca a um novo patamar de familiaridade.

Quem você pensa que é, afinal?

Para desconstruir uma marca com sucesso, uma empresa precisa ter um entendimento íntimo do que ela é verdadeiramente feita. Quem são os condutores por trás da estratégia visual? Qual é a teoria por trás do som? Qual papel o aroma desempenha na mensagem? Como uma empresa transmite seu sentido tátil em uma tela de televisão? Que gosto a coisa tem (é lógico, isso não vai funcionar com telefones celulares, TVs, computadores)?

Uma vez que a empresa tenha quebrado a marca em diversas partes, é hora de reorganizar os pedaços de tal forma que cada componente sensorial seja realçado e possa funcionar sozinho.

Até agora o número de casos verdadeiros de *branding* sensorial ao redor do globo podem ser contados nos dedos de uma mão. Parte do projeto *Brand Sense* tem sido explorar os detalhes do que faz uma marca multissensorial ter sucesso. É possível um produto tirar vantagem de fato dos cinco sentidos? Qual combinação de sentidos funciona melhor? Como você transfere uma emoção comunicada por um sentido para o outro? Os consumidores ficam empolgados com isso, ou indiferentes?

Um sucesso vibrante: Nokia

A Nokia atualmente se vangloria de uma espantosa parcela de 40% do mercado *global* de telefones celulares. Isso se traduz em 400 milhões de pessoas tagarelando em celulares Nokia diariamente. Além dos elementos mais óbvios que caracterizam os telefones Nokia, suas ferramentas menos óbvias de *branding* criaram o que a Nokia se tornou hoje. De acordo com a consultora de marca Interbrand, a Nokia é a oitava marca mais valiosa do mundo, e seu valor está estimado em US$ 35,9 bilhões.

A síndrome da China

A linguagem sonora da Nokia é apenas parte de sua incrível história de marca. Some a isso a navegação e a interface dos aparelhos, e você perceberá como está familiarizado com aquele Nokia em seu bolso.

Muitos meses atrás, um amigo meu resolveu me pregar uma peça mudando o idioma do meu telefone Nokia de inglês para mandarim. De início, fiquei surpreso quando cada ícone na tela apareceu em letras chinesas. Contudo, minha familiaridade com o sistema Nokia era tamanha que senti como se pudesse ler em chinês. Intuitivamente, encontrei meu caminho até a função de idioma, que então reprogramei de volta para o inglês. O idioma escolhido teve quase nenhum papel em minha capacidade de navegação. Foi, na verdade, o idioma Nokia que me carregou sem dificuldade ao longo do divisor cultural.

Esse é um cenário que apenas um líder de mercado sério pode criar. A Nokia estabeleceu sua posição ao educar os consumidores de forma consistente. Os usuários da Nokia estão minuciosamente acostumados com sua interface. Qualquer usuário da Nokia consegue encontrar as funções mais vitais em seus telefones celulares sem nem mesmo pensar nisso. Você pode dizer que isso tem mais a ver com sorte do que com algum espírito calculado de lealdade. Não mesmo. Pense nisso. Com que frequência você fica frustrado ao comprar um novo aparelho de vídeo, micro-ondas ou lava-louças? Mesmo que você tenha comprado uma marca familiar, o novo sistema operacional muitas vezes acaba sendo tão desafiador que você sente vontade de arrancar os cabelos.

O hábito desempenha um grande papel em criar fidelidade à marca – um fato que muitos nem percebem. Em uma das pesquisas do

Brand Sense, pedimos aos entrevistados para escolher entre um telefone Nokia e um Sony Ericsson. Um entrevistado claramente admirava o Sony Ericsson por seu pouco peso e suas feições com estilo, mas acabou escolhendo o Nokia simplesmente porque pareceu mais fácil de usar. Isso, apesar do fato de que o Sony Ericsson era mais barato, tinha mais funcionalidades e muito mais estilos.

A Nokia sabe que a preguiça constrói marcas

Em contraste com quase todas as outras fabricantes de telefone celular, a Nokia tem usado sua oportunidade de líder de mercado para criar uma linguagem Nokia quase invisível (ainda que de marca). Perceba que essa linguagem não necessariamente atrai novos usuários, mas a penetração da Nokia no mercado pela propaganda tradicional acelerou e até mesmo assegurou novos consumidores – sem falar em novas compras. De alguma forma, a empresa conseguiu superar os erros substanciais de fabricação ao longo dos anos, incluindo tudo, desde erros inesperados dos usuários a mostradores com defeito.

Ainda assim, os usuários da Nokia continuaram retornando à marca Nokia. Eles retornam porque as pessoas gostam do que conhecem. São relutantes em mudar porque são essencialmente preguiçosas e não querem investir o tempo e o esforço necessários para aprender um novo sistema operacional.

À medida que aumenta a penetração de mercado da Nokia, e os consumidores compram a marca de novo e de novo, cria-se uma fidelidade cada vez maior, que nenhuma campanha tradicional é capaz de criar. A cada compra, a linguagem Nokia se torna mais incorporada no comportamento do consumidor. De fato, a linguagem de marca da Nokia está por aí emboscando o consumidor insuspeito a cada vez que um celular toca perto do ouvido.

Parando para pensar, se você é dono de um telefone Nokia, quase todos os elementos da experiência de telefonia celular se tornaram uma experiência de marca da Nokia. Até recentemente, era quase desnecessário levar junto com você um carregador de celular porque, em qualquer lugar do mundo em que você estivesse, você conseguiria encontrar um carregador da Nokia no qual conseguiria se conectar, num hotel ou com um amigo. Se essa característica incomum – e altamente conveniente – tivesse sido uma *tagline*, ou se tivessem ordenado os funcionários a dizer aos consumidores as diretrizes para usar esse recurso universal, a Nokia teria marcado um golaço. Mas, há dois anos, a Nokia lançou novos formatos de carregador, novos plugues e novos padrões, e assim alinhou sua marca com todos os outros carregadores de telefone celular. O que antes era um recurso incomparável de uma marca nunca foi reconhecido como tal, e agora isso se perdeu para sempre.

> **DESTAQUES**
>
> Somos todos íntimos dos nossos sentidos – se não plenamente conscientes deles. Somente quando falta um, percebemos quão importantes eles são. Por alguma razão, contudo, a indústria da propaganda comunica-se quase exclusivamente em um mundo composto por apenas um sentido, algumas vezes dois – o visual e o auditivo. O fato é que a maioria dos 5 mil anúncios, mensagens, requisições aos quais todos nós somos expostos diariamente se baseiam no que vemos e ouvimos – mas apenas raramente no que cheiramos, tocamos e provamos.
>
> A comunicação de marca esbarrou em uma nova fronteira. No intuito de conquistar com sucesso os futuros horizontes, as marcas terão que encontrar formas de apelar aos outros três sentidos esquecidos. É preciso algo novo para romper com o impasse "veja-me, ouça-me". Qualidade de imagem soberba e som cristalino não são a resposta. Nós, consumidores, vamos responder aos chamados que englobem todos os cinco sentidos.
>
> Ao longo da última década, a indústria automobilística transformou todos os aspectos, até o próprio cheiro do carro, em um exercício de marca. Marcas como Kellog's, especializada em cereais matinais, não contam mais apenas com o som natural de crocância do produto, mas o criam em laboratórios. A Singapore Airlines assegura que o aroma na cabine seja tão uniforme quanto o esquema de cores, que combina com a maquiagem e os trajes usados pelas comissárias.
>
> Estima-se que 40% das 500 marcas mundiais da Fortune incluirá uma estratégia de *branding* sensorial em seu planejamento de *marketing* até o final da década. Sua sobrevivência no futuro simplesmente vai depender disso. Se as marcas quiserem construir e manter a fidelidade no futuro, terão de estabelecer uma estratégia que apele a todos os sentidos.
>
> Não há outra saída.

NOTAS

1. http://www.aap.org/advocacy/washing/Testi monies-Statements--Petitions/ 06-22-07-Media-and-Kids-Testimony.pdf.
2. TV Turnoff Network, www.tvturnoff.org.
3. http://af-za.facebook.com/notes.php?id=33849124322.
4. http://www.scentmarketing.org/doc/11Newsletter.pdf.
5. http://www.telegraph.co.uk/foodanddrink/foodanddrinknews/ 5884340/ Adverts-work-best-when-appealing-to-all-senses.html.
6. http://www.emarketer.com/Article.aspx?R=1006813.
7. BRAND-DRIVEN Conference Report (2009) em http://www.creativenz.govt.nz/LinkClick.aspx?fileticket=%2BFCoWyFOZYg%3D&tabid=4895& language=en-NZ.
8. Nielsen Media Research.
9. http://brandchannel.com/features_effect.asp?pf_id=453.
10. http://www.commercialalert.org/issues/culture/ad-creep/whats-that--smell -in-the-movie-theater-its-an-ad.
11. H. A. Roth (1988), "Psychological relationships between perceived sweetness and color in lemon-and-lime flavored drinks," *Journal of Food Science*, 53:1116–1119.
12. C. N. DuBose (1980), "Effects of colorants and flavorants on identification, perceived flavor intensity, and hedonic quality of fruit-flavored beverages and cake," *Journal of Food Science*, 45:1393–1399, 1415.
13. Quoted in Ackerman, p. 191.
14. http://www.brandinfection.com/2006/02/07/dogs-love-pedigree/
15. Diane Ackerman (1990), *A natural history of the senses*, Vintage Books, New York, p. 191.
16. Lyall Watson (2000), *Jacobson's organ: and the remarkable nature of smell*, W. W. Norton & Company, New York, p. 7.
17. Ibid. p. 88.
18. Ibid. p. 90.
19. Ibid. p. 136.
20. Boyd Gibbons (1986), "The intimate sense of smell," *National Geographic*, September, p. 324.
21. Ashley Montagu (1986), *Touching: the human significance of the skin*, Harper & Row, New York, 3rd ed., p. 238.

3
UM GRANDE SUCESSO

Aposto que você não sabia: as cenouras costumavam ser de todas as cores, *menos* laranja. Eram vermelhas, pretas, verdes, brancas e até mesmo em variações de roxo. Então, em algum momento no século XVI, os plantadores holandeses decidiram dar a essa raiz vegetal um viés patriótico. Usando uma semente mutante do Norte da África, os agricultores começaram a desenvolver uma variação laranja em homenagem a seu monarca, William I, o Príncipe de Orange, que os levou à independência contra os espanhóis. Um país com uma bandeira laranja agora tinha sua própria cenoura laranja. Esse é um dos exercícios de *branding* mais bem sucedidos da história, apesar de nunca capitalizado. Pouquíssimas pessoas, ao mastigar uma cenoura – nem mesmo o Pernalonga –, sabem que estão mordendo uma das maiores oportunidades perdidas de *branding* de todos os tempos.

Colocar ênfase excessiva no logo traz riscos. O menor de todos é o perigo de negar todas as outras oportunidades potenciais de atiçar os consumidores. Prestada a devida atenção, muitos outros aspectos podem se tornar reconhecíveis por si próprios – como a cor, a navegação, a textura, o som e a forma. Mesmo vendado, você sabe quando está segurando uma clássica garrafa de Coca. Como você leu antes, em 1915 Earl R. Dean, que estava trabalhando na Root Glass Company, recebeu a instrução de inventar uma garrafa que poderia ser reconhecida no escuro pelo toque. Ademais, uma pessoa poderia dizer instantaneamente o que era mesmo que estivesse quebrada.

Pegando inspiração na vagem da semente de cacau, Dean produziu uma garrafa bem talhada com contornos estriados. Naquele dia, fez-se história.

ADEUS A TUDO AQUILO

Eliminado o logo, o que sobra? Esta é uma questão de suma importância porque muitas marcas são bem maiores do que os seus logos. Será que os componentes remanescentes podem ser facilmente identificados como algo pertence ao produto? Se não, chegou a hora de Desconstruir a Marca. A filosofia de Desconstrução da Marca considera cada maneira possível pela qual o consumidor interage com o produto com uma visão de construir ou manter a imagem da marca. As imagens, os sons, os sentimentos táteis, mesmo o texto no produto: tudo isso precisa se tornar componentes da marca em si. Quando a marca consegue realizar isso, para que logo?

ME CONHECER SIGNIFICA ME AMAR

Nosso estudo do Royal Mail, como disse antes, entrou no radar da mídia ao envolver os sentidos e ao usar mídia tátil e "física". Ninguém precisa ser lembrado de que as mensagens de propaganda estão cada vez mais sobrecarregando as mídias impressa e eletrônica. O mais recente relatório da Comissão Federal do Comércio de 2004 informa que a criança média é bombardeada por mais de 25 mil anúncios de TV, enquanto o adulto médio é exposto a mais do que o dobro disso.[1] À medida que cada marca luta para ser escutada nessa cacofonia do mundo comercial, é essencial que um produto toque a nota perfeita – caso contrário, será ignorado ou esquecido. Nosso uso de mídia se tornou muito mais esporádico. Enquanto os meios de comunicação são reproduzidos no plano de fundo de nossas vidas agitadas, todos nós desenvolvemos sistemas de filtragem que nos ajudam a abafar esse ruído.

Isso apresenta enormes desafios a um publicitário. Cerca de 60% dos jovens de 8 a 14 anos são donos de seus próprios celulares, e há diversos indícios de que este número está crescendo anualmente.[2] Como sua marca se sairia neste quadro do tamanho de uma caixa de fósforos?

Apenas algumas marcas passariam no teste Smash Your Brand™ hoje. Pare um minuto para pensar em uma marca que você ama. De novo, se você removesse o logo e qualquer outra referência textual ao nome da marca, seria capaz de reconhecer o produto? Você provavelmente descobrirá que, sem o logo e o nome, sua marca favorita perderia todo o sentido. No intuito de eliminar a preocupação muito disseminada com logos, todos os outros elementos (cores, imagens, som, *design* e sinalização) precisam estar completamente integrados.

UM PROCESSO DE DESCONSTRUÇÃO

Desmembre sua marca em muitas partes diferentes. Cada parte deve funcionar independentemente das outras, apesar de cada uma ainda ser essencial ao processo de estabelecer e manter uma marca verdadeiramente passível de desconstrução. As sinergias criadas entre as partes serão essenciais para uma marca se destacar.

DESCONSTRUA SUA IMAGEM

Desde o seu começo em 1965, sob o nome de Benetton, a United Colors of Benetton desenvolveu um estilo de marca consistente e identificável em qualquer tamanho, em qualquer país e em qualquer

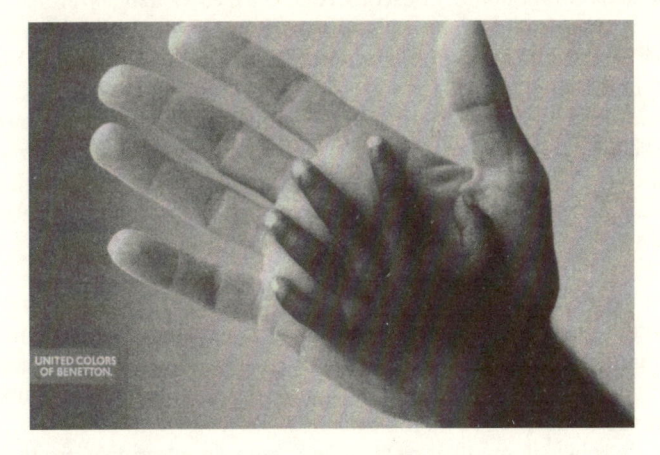

Figura 3.1
Adivinhe quem é? A United Colors of Benetton criou um estilo pictórico passível de desconstrução totalmente independente do logo da empresa. *United Colors of Benetton e Sisley são marcas registradas da Benetton Group SpA, Itália.*
Foto: D. Toscani

contexto. O objetivo da Benetton era desenvolver uma personalidade incomparável. A empresa considera sua linha de roupas "uma expressão de nossa época". A estratégia de manter essa integridade foi criar todas as imagens próprias.

"A comunicação", explica Luciano Benetton, "jamais deveria ser preparada de fora da companhia, mas concebida dentro de seu coração."[3] A Benetton é uma marca que sobreviveria à desconstrução sem dificuldade. A imagem e o *design* são sua própria declaração e parte essencial do "coração" da Benetton.

Rostos famosos usando bigodes brancos são instantaneamente reconhecidos como a campanha "Got Milk?", que existe há mais de uma década. Das irmãs Williams, que jogam tênis, ao gato Garfield, todo mundo que é alguém já participou. Você também pode! Basta se associar ao Club Milk e postar uma foto do seu bigode de leite no *site*. Uma linha branca sobre o lábio é tudo o que você precisa ver para saber que você deve beber leite porque é saudável!

Lembram-se do experimento que realizei com os adolescentes no *Today Show*? No meio de nossos testes de som e cheiro, também criei um quadro de colagem que apresentava uma série de marcas. No entanto, havia uma pegadinha. O quadro não mostrava os logos, apenas os componentes "desconstruíveis": a caixa azul esverdeada da Tiffany, a garrafa da Coca-Cola, os fones de ouvido da Apple, a caixinha de batatas fritas vermelha e amarela do McDonald's e uma das fotos preto-e-branco altamente sensuais da Abercrombie & Fitch. Num segundo, todas as crianças reconheceram a foto do plugue de ouvido do iPod – que não mostrava logo, nem mesmo o produto – e muitos conheciam até mesmo a caixa da Tiffany, apesar do meu palpite de que a maioria das crianças de 7 a 11 anos no programa provavelmente jamais havia estado dentro da loja.

Pouquíssimas empresas conseguiriam passar por esse tipo de teste de identidade de marca. Em vez disso, elas reciclam imagens, frequentemente mudam os *designers* e os fotógrafos, e, com muita frequência, muitas agências de comunicação diferentes são empregadas pelos vários departamentos na mesma empresa. As embalagens são feitas pela X, os folhetos de *marketing* pela Y e as informações de relações públicas pela Z. Essa falta de integração fragmenta a mensagem, tornando o logo não apenas necessário, mas vital para distinguir um produto da concorrência. Os folhetos corporativos são os piores. As imagens estereotipadas e sem marca de pessoas de terno sorrindo ao redor da mesa da sala de reuniões, uma foto tirada de cima enquadrando a sede da empresa e o retrato obrigatório do CEO. Uma vez pedi a um grupo de publicitários ao redor do mundo para me enviar a fotografia que eles acreditavam ter usado com maior frequência em suas comunicações ou anúncios de campanha ao longo dos últimos anos. Semanas depois, os resultados chegaram – e eram bastante assustadores. Por quê? Porque quase 30% de todas as fotos mostravam pessoas apertando as mãos. Ponto. Executivos apertando as mãos no escritório, amigos apertando as mãos, presidentes de bancos apertando as mãos dos clientes, e assim por diante. Cheguei a criar uma colagem das fotos em um quadro de avisos, e até a usá-las em minhas apresentações, perguntando a alguns dos publicitários presentes quais fotos pertenciam a quem. Ninguém fazia ideia! Não dá para deixar de perceber o desperdício de toda essa energia gasta em publicações que nada têm a ver com a marca em si.

DESCONSTRUA SUA COR

A Coca-Cola perdeu a batalha pelo vermelho no mercado europeu, graças à competição acirrada dos poderosos atores locais. Trinta por cento dos entrevistados pela *Brand Sense* no Reino Unido consideraram a Vodafone, gigante da telefonia celular, a dona padrão do "vermelho-Coca", enquanto um percentual menor, de 22%, ainda associavam a cor com a Coca. Talvez não seja surpresa ver variações do logo como parte da campanha de *marketing* da Coca-Cola na Grã-Bretanha. Eles estão duplicando o clássico logo vermelho-e-branco em cores diferentes (incluindo azul e verde) para refletir o esquema de cores dos times de futebol que patrocinam. O verde também está aparecendo na Europa e em toda a região asiática do Pacífico. Na Alemanha, por exemplo, a tradicional tampa vermelha da Coca agora está verde. A tendência aparece também no mercado japonês, que considera o vermelho como uma cor que pertence mais a outras marcas. Somente nos Estados Unidos, mercado de origem da marca, a Coca-Cola permanece fortemente associada com o vermelho. Contudo, na maioria dos mercados globais, 36% dos entrevistados de fato associa o vermelho com a Coca-Cola. Uma porcentagem menor de 27% listou a Vodafone (nos mercados em que a Vodafone é representada), seguida pela Budweiser e pelo McDonald's, com cotas de 13% e 12%, respectivamente.

Na guerra das Colas, a principal vantagem de cor que a Coca tinha sobre a Pepsi resultou no fato de a Pepsi se tornar azul e estabelecer um domínio global da cor. Na pesquisa *Brand Sense*, 33% da população global associa a cor azul com a marca Pepsi. Esta não foi uma boa notícia para a IBM, que por anos foi conhecida como a "Big Blue". Na verdade, os resultados da pesquisa *Brand Sense* confirmam que, em alguns países, o Japão entre eles, os consumidores associam IBM com o *preto* e não com o azul. Apenas 11% dos consumidores de hoje nos mercados principais pensam na IBM quando pensam no azul. Na verdade, 14% disseram que sua percepção de cor da IBM é inequivocamente o preto.

Cores de verdade

Uma rápida olhada nos logos das maiores corporações revela que na cor, como no mercado imobiliário, o que importa é localização, localização e localização. O resultado? Uma competição ainda mais frenética pela melhor vizinhança.

Em 1942, a marca de cigarros Lucky Strike se deparou com um problema. A Segunda Guerra Mundial estava estourando e o cromo, elemento essencial para a tinta verde das etiquetas da empresa, estava com fornecimento extremamente baixo. Quando as tropas estadunidenses invadiram o Norte da África, a Lucky Strike lançou sua nova embalagem com o alvo em vermelho, junto com a *tagline* "Lucky Strike vai à guerra!". Seis semanas depois, as vendas da Lucky Strike subiram 38%.

As cores primárias têm dominado claramente o mundo das marcas. Contudo, não há evidência alguma para apoiar a premissa de que o azul, o vermelho e o amarelo são mais eficazes. Parece que a única razão para a predominância dessas cores é a tradição. Nas últimas décadas, muitas marcas tentaram capturar a propriedade sobre a cor. A Heinz, uma das líderes mundiais em produção de condimentos de qualidade, lançou a campanha "Poder do Vermelho", cujo alvo era dar confiança para as mulheres usarem o vermelho (e, por consequência, derramarem galões de *ketchup* nas refeições que serviam). Steve McGowan, gerente sênior da marca, disse que "nossa embalagem e nosso valor de marca foram construídas ao longo dos anos ao redor do conceito '*Lady In Red*', que tem criado uma conexão poderosa entre os sentimentos associados com a cor vermelha: energia, alegria, controle e confiança".[4]

A Suíça também reivindica o vermelho. A Suíça é dona do mercado de relógios de qualidade, de facas, de queijos, de chocolates e de bancos. Desde a metade do século XIX, o país tem construído suas marcas e feito uso extensivo das cores em todo o mundo. Quando a Cruz Vermelha foi formada em 1863, usou as cores da bandeira suíça invertidas e, ainda que de forma involuntária, criou uma das marcas mais fortes do mundo baseadas em vermelho e branco. Qualquer empresa legitimada para usar a frase "Made in Switzerland" agrega um valor substancial à sua marca, visto que o país está geralmente associado com precisão e com a mais alta qualidade possível. Vermelho e branco se tornaram sinônimos de Suíça, refletindo um dos mais sofisticados exercícios de *merchandising* de Estado da história.

Uma empresa de telecomunicações britânica decidiu se posicionar entre o vermelho e o amarelo na roda do espectro de cores e lançou o Orange (o nome da empresa) em uma campanha que proclamava "O futuro é brilhante – o futuro é Orange". Parte de sua estratégia era oferecer aos estudantes em cidades importantes um serviço gratuito de pintura de apartamento. A única condição era que a cor tinha de ser... laranja. Assim, toda a campanha se esforçou muito em reivindicar a propriedade da cor laranja. A gigante de telecomunicações Orange é páreo para a companhia aérea EasyJet? No Reino Unido, a cor laranja se tornou centro de uma disputa legal entre essas duas marcas, cada uma clamando o direito exclusivo de uso.

O amarelo é tido como a cor mais cativante de todas. No começo do século XX, foi lançado um guia telefônico de serviços, e as Páginas Amarelas nasceram.

Mais ou menos na mesma época, um homem chamado John Hertz detinha uma pequena participação em uma concessionária de Chicago com um excedente de carros usados. Ele se deparou com a ideia de transformá-los em táxis. Em algum ponto, Hertz ouviu falar de um estudo da Universidade de Chicago revelando que o amarelo era a cor mais fácil para os consumidores identificarem, então ele mandou pintar todos os carros de amarelo e chamou a empresa de Yellow Cab. Quando Hertz vendeu tudo, ele formou a Hertz Rent-a-Car e de novo tornou o amarelo a pedra angular do logo da nova empresa.

O transporte e a cor amarela parecem andar de mãos dadas – vá entender. O amarelo e o vermelho são reivindicados pela empresa global de correio expresso, a DHL. É uma combinação popular que já teve McDonald's e Kodak lutando pela propriedade dominante por décadas.

Quando as joias são apresentadas em uma caixa azul esverdeada, carregam um brilho especial, pois a caixa, como muitos sabem – incluindo os adolescentes do *Today Show*! – vem da Tiffany, a joalheria nova-iorquina cujo nome é sinônimo de luxo, exclusividade e autenticidade desde 1837. Algumas marcas conseguem transmitir magia e integridade já na própria embalagem. As caixas e embalagens autênticas da Tiffany se tornaram itens disputados nos *sites* de leilão, chegando a atingir o preço de US$ 40 . Quanto maior a caixa, maior será o valor. Caixas grandes guardam itens grandes. Um estudo mostrou que o batimento cardíaco das mulheres aumenta em cerca de 22% quando enxergam uma caixa azul esverdeada da Tiffany. Não consigo deixar de pensar no aumento da taxa de batimentos cardíacos dos homens quando recebem a fatura do cartão Visa ao final do mês.

O delicado tom de azul da Tiffany forma a base do esquema de cores da loja. Ele aparece também no catálogo, nos anúncios e nas sacolas de compras. Não importa quanto dinheiro você ofereça à Tiffany, não conseguirá comprar uma caixa deles. A rígida regra da empresa é que as caixas (ou embalagens) só deixam a loja se contiverem um item comprado no local.

Até hoje, as embalagens de apenas algumas marcas exclusivas podem ser encontradas em *sites* de leilão. Incluem-se aí Louis Vitton, Guggi, Rolex e Hèrmes. Essa é uma forte indicação da habilidade de uma marca de manter seu valor, assim como uma crucial indicação de sua possibilidade de desconstrução.

Dito isso, a atenção à cor pode ir longe demais? Tente vestir uma peça de roupa da gigante da moda Burberry ao visitar *pubs* no centro de Londres, e você estará se arriscando. Os *hooligans* britânicos adotaram as cores da Burberry como forma de identificação. Em vez de emanar luxo e classe, as cores da Burberry são ícones de uma comunidade encrenqueira. Como resultado, em certas partes do Reino Unido a Burberry sofreu uma queda significativa nas vendas. Moral: nunca subestime o poder de sinais passíveis de desconstrução.

A cor é essencial às marcas visto ser o mais visível (e óbvio) ponto de comunicação. Os ônibus escolares, os carros de polícia e os caminhões de lixo se distinguem pelas cores, antes de tudo. Pense em caminhonetes de correio, e o pensamento imediato é sua cor. Usar uma cor em um logo, e depois esporadicamente salpicá-la nos materiais impressos, não vai automaticamente construir ou manter a propriedade da cor. Contudo, as cores criam claras associações em nossas mentes, e essas mesmas associações não fazem outra coisa além de beneficiar as marcas.

DESCONSTRUA SEU FORMATO

O formato é um dos mais esquecidos componentes de uma marca, apesar de alguns formatos claramente anunciarem a referida marca. Pense nos formatos dos vidros da Coca-Cola, Galliano ou Chanel No. 5. Determinados formatos se tornaram sinônimo de certas marcas. Os Arcos Dourados são marca registrada do McDonald's, e eles estão consistentemente presentes em todas as lojas da franquia, em todos os países do mundo. A lata do Tab Energy, uma nova bebida energética de baixa caloria criada pela Coca-Cola e direcionada às mulheres, é pequena e estreita, comparada às latas convencionais de refrigerante. A Crosse & Blackwell Waistline, empresa britânica de produtos dietéticos, fabrica uma séria de latas difíceis de esquecer, no formato de ampulhetas, que parecem assegurar às consumidoras mulheres que, se elas beberem, terão o corpo bem torneado de Marilyn Monroe.

Os homens não deixam de ser visados também. O licor conhecido como Knob Creek Kentucky Bourbon é embalado em uma garrafa grande e sólida, com algo que o *designer* da marca chama de ombros "masculinos". E poucos publicitários podem competir com um novo tipo de vodka russa conhecida, em inglês, como "Sexy Tina", que não apenas contém creme irlandês, mas vem em uma garrafa no formato de um seio (você tem de ver para acreditar).[5]

Desde 1981, o formato da garrafa de vodka Absolut é o componente principal da comunicação da marca. De desfiles de moda a hotéis no gelo, de pegadas na praia à aurora boreal, os anúncios criativos da Absolut são baseados no formato da garrafa. O formato da garrafa é o formato da marca.

Você também reconheceria uma boneca Barbie e seu corpo em qualquer lugar (sem desrespeito à Barbie). Em outras palavras, a Barbie, em qualquer traje, é muito passível de desconstrução.

A maioria dos computadores parece relativamente genérica, exceto o iMac. Não importa a qual geração você está se referindo, você poderia desconstruir o conjunto todo e não teria dúvida de que os fragmentos se juntam para compor um iMac. O iMac gritaria o nome de sua marca dos estilhaços de plástico suave em cores brilhantes e transparentes, sem falar no *design* bulboso de "lâmpada" com sua tela plana móvel. Mesmo o formato dos cacos o faria saber que os suaves fones de ouvido reluzentes conectados com o iPod são singular e onipresentemente da Apple.

A curva da cintura da Barbie, as linhas graciosas da Apple e os contornos da garrafa de Coca – cada elemento que cria esses produtos está totalmente integrado em seu *design* global, tornando o formato típico de suas marcas.

DESCONSTRUA SEU NOME

Quando o Porsche 911 foi lançado em Frankfurt em 1963, o modelo foi batizado de 901. Os folhetos foram impressos, o material de *marketing* estava todo no lugar – e, então, quase de um dia para o outro, tudo tinha de ser jogado fora. Para o desânimo da Porsche, eles descobriram que a Peugeot era dona dos direitos de todos os modelos de números de três dígitos de qualquer combinação com um zero no meio. Era inegociável, também. Por sorte, apenas 13 modelos haviam saído da linha de produção com a insígnia 901, e dali em diante aquele Porsche específico se tornou conhecido como o 911.

A Peugeot mantém os direitos de nomes numéricos para carros desde 1963. O zero do meio lhes dá uma distinção que automaticamente identifica seus modelos como Peugeots – mesmo que você não seja capaz de conjurar uma imagem mental do 204 ou do 504.

Uma estratégia similar foi adotada pela vodka Absolut. Eles deliberadamente escrevem errado as extensões de marca, usando palavras do inglês inspiradas na gramática suíça – Absolut Vanilia, Mandrin, Peppar ou Kurant. A Snickers recentemente tentou entrar no jogo e reivindicar uma identidade visual similar. A produtora de doces Mars, Inc. gastou uma pequena fortuna em uma nova campanha publicitária que tira vantagem do formato do logo de sua famosa barra de chocolate Snickers – sem jamais citar nenhuma vez o nome "Snickers". Alguns exemplos do que a empresa acabou criando? "Talk Some Snacklish", "Get Dunked on by Patrick Chewing", "Put Your Hunger in a Nougaplex", "Get a Degree in Snackanomics", "Climb Mt. Foodji" e "Take a Field Trip to the Peanutarium".

O McDonald's tira vantagem do uso do "Mc" nos nomes dos produtos sempre que possível. Seu mundo está inundado de Big Macs, McNuggets, McMuffins e até mesmo McCafé. Se você recebesse um *e-mail* da corporação, você seria cumprimentado com as palavras: "Tenha um dia MACnífico!". A filosofia de nomenclatura do McDonald's é uma parte essencial e inconfundível de sua marca. Isso resultou em muitas disputas judiciais, como um na Dinamarca em 1995, quando o McDonald's levou Allan Bjerrum Pedersen ao tribunal por se apropriar do nome da empresa (ele tinha uma pequena banca de cachorro--quente chamada McAllan). Dessa vez, o McDonald's não foi bem--sucedido. A corte indeferiu o pedido contra Pedersen, e o McDonald foi responsabilizado por todos os custos legais.

A Macnização do idioma foi formalmente reconhecida quando o Merriam-Webster adicionou "McJob" a seu dicionário escolar, definindo o termo como um trabalho mal remunerado que requer pouca habilidade e não oportuniza muitas chances de crescimento.

A Corporação Disney incorporou os personagens Disney dentro da estrutura de seu quartel-general em Burbank, na Califórnia. As estátuas de seis metros de altura dos Sete Anões sustentam o teto. As vias roubam os nomes de outros personagens clássicos da Disney – você pode vagar pela Avenida Mickey e passear pela Estrada Dunga. Ao usar essa estratégia de nominação, a Disney estendeu sua marca a cada aspecto do ambiente.

E não nos esqueçamos da marca que praticamente é dona da letra "I". iPhone. iPod. iMac. iTV. iPad. A Apple, na verdade, uma vez teve que chegar a um acordo extrajudicial com a Cisco Systems centrado em qual empresa poderia usar a letra "I" em seus telefones. O que poderia ser mais inteligente do que a Apple se apropriando de uma única letra-assinatura do alfabeto? No instante em que um dos novos produtos é lançado no mercado – seja uma iGeladeira, um iMicroondas ou um iLivro –, você reconheceria as impressões digitais da Apple de cara.

O resultado final dessas estratégias de nomenclatura integrada? Elas reforçam o conhecimento do perfil de uma marca.

DESCONSTRUA SUA LINGUAGEM

A Disney, a Kellogg's e a Gillette são três marcas completamente diferentes com uma coisa em comum. Na década passada, elas estabeleceram um idioma de marca. A ironia é que elas talvez nem estejam conscientes disso. Coincidência ou não, nossa pesquisa Brand Sense mostra que 74% dos consumidores de hoje associam a palavra "crocante" com a Kellogg's. Outros 59% consideram a palavra "masculino" e a Gillette como quase a mesma coisa. Espantosos 84% dos estadunidenses formaram as associações mais fortes entre masculinidade e a Gillette. Devem ser todas aquelas lâminas afiadas que nem homem.

Há uma marca, contudo, cujo escore foi mais alto em apropriação de linguagem do que qualquer outra. É uma marca que o acolhe em seu reino de fantasia, sonhos, promessas e "magia". Isso não será surpresa para ninguém que já esteve em um *resort* da Disney, foi a um de seus cruzeiros ou comeu em um dos seus restaurantes. Não demora muito para escutar os "membros do elenco" incentivando os convidados a "ter um dia *mágico!*".

Desde os anos 1950, a Disney construiu de forma consistente sua marca em uma base que é muito maior do que o logo. Um naco substancial da marca Disney se apoia em canções e *voice-overs* que sempre incluem as palavras marcadas pela Disney. Associar palavras com marcas não tem custo extra. E a Disney conseguiu "se apropriar" de seis:

> "Bem-vindo a nosso reino de *sonhos* – o lugar onde a *criatividade* e a *fantasia* andam de mãos dadas espalhando *sorrisos* e *magia* a cada *geração*"

A pesquisa Brand Sense mostra que mais de 80% – sim, 80% – dos nossos entrevistados associaram diretamente essas palavras genéricas com a Disney.

As palavras-chave são repetidas continuamente no material de propaganda da Disney, nas letras de música, nas tramas das histórias e no Disney Channel. As palavras cruzam todos os canais de mídia com facilidade e fluidez. Não se desperdiça oportunidade de fazer uma potente conexão entre Disney e magia, Disney e fantasia, Disney e sonhos, e assim por diante. Da mesma forma que a Orange, a Coca-Cola e as Páginas Amarelas reivindicaram seus lugares no espectro da cor, a Disney conseguiu apropriar-se da linguagem da fantasia, tornando-se o local onde a magia acontece e os sonhos se tornam realidade. E mais, a linguagem da Disney sobrevive ao teste da desconstrução. Pegue uma palavra, frase ou coluna de qualquer publicação Disney, e *voilá*... a marca ainda é reconhecível! Se você visitar Londres um dia, talvez tenha sorte o suficiente para ver na rua um carro criado pela Chanel – a empresa de perfumes e artigos de luxo. O carro Chanel de um sortudo proprietário simplesmente tem escrito "Número 5".

Criar uma marca verdadeiramente passível de desconstrução requer consistência e paciência – um requisito difícil em um mundo corporativo cujas únicas constantes são estratégias de *branding* sempre mutantes e presidentes de *marketing* rotativos. Acrescente a isso um mercado financeiro flutuante que exige resultados instantâneos, e a mensagem de marca se torna apenas outro pedaço de informação em um campo enormemente superpovoado.

Por diversos anos, a Nokia espalhou que seus telefones eram "amigáveis". Eles seguiram afirmando que é "a tecnologia humana e o *design* inteligente [que] distinguem a longa linha de produtos Nokia".[6] A empresa centrou suas campanhas em sua ímpar "tecnologia humana" – uma frase que a Nokia chegou a patentear. A Nokia explicou que tecnologia humana é "um conceito baseado na observação da Nokia sobre a vida das pessoas, que a inspirou a criar tecnologia, produtos e soluções adaptados às reais necessidades humanas".[7] Apenas recentemente a Nokia decidiu reduzir o uso dessa *tagline*, trocando-o por "conectando pessoas". Uma escolha que se revelou muito sábia, pois, em nossa pesquisa *brand sense*, apenas 14% dos consumidores entrevistados associaram a palavra "humano" com a Nokia.

Em uma estratégia que visava a estabelecer a propriedade da noção da Nokia como um "produto voltado a humanos", a campanha foi menos bem sucedida. A empresa raramente menciona a palavra em suas propagandas, e pouca coisa confirma ou reforça o conceito da Nokia como a única fornecedora de "tecnologia humana".

A Nokia não está sozinha. Muitas empresas não conseguiram transmitir sua estratégia emocional por meio da palavra escrita. Por décadas, a Colgate falou sobre "sorriso Colgate", a tal ponto que você imaginaria que a palavra "sorriso" estaria firmemente associada à Colgate. Bom, não é bem assim. No que diz respeito à apropriação da associação de palavras com "sorriso", a Colgate emplaca um distante terceiro lugar – atrás da Disney e do McDonald's. Um exame mais atento dessa desconexão revela um fenômeno intrigante. Quanto mais forte for a personalidade da marca, mais humana ela será – e menos focada no produto, daí a maior facilidade para o consumidor associar palavras, frases e afirmações com a marca.

A Coca-Cola vem usando, em inglês, a palavra *enjoy* há muito tempo, desde o início. Está em seus cartazes, anúncios e até mesmo nos produtos; ainda assim os personagens da Disney capturam 62% de associação de marca, deixando a Coca-Cola em segundo lugar com 53%. Da mesma forma, o Ronald McDonald, os doces animados da M&M e a turma de personagens da Kellog's também são populares associações com a palavra *enjoy*. Como afirmei antes, a palavra "crocante", em contraste, tem uma associação singular com a Kellog's.

As empresas que levam os prêmios do campeonato de associação de palavras criaram personagens caracteristicamente detalhados e completamente realizados que lhes dão personalidade. Eles quase se tornaram porta-vozes de fato para a marca, oferecendo-lhe uma cativante "voz" humana. O objetivo? Não há obrigatoriedade de criar personagens, mas sim de adotar uma abordagem centrada no humano, evitando o discurso técnico que centraliza o produto e destaca suas qualidades.

Ainda assim, como disse antes, são anos até que frases, palavras e afirmações sejam identificadas e aceitas como "pertencentes" a marcas específicas. A comunicação tem sido construída debaixo para cima, e não subitamente colocada no topo, como uma cereja decorando o bolo. Em geral, as mensagens eficazes começaram sua vida ao mesmo tempo que o produto ou a marca em si nasceram. As mensagens eficazes foram então abraçadas e passadas adiante de uma geração de funcionários à geração seguinte, no intuito de estabelecer sua própria linguagem de marca. O resultado final? Reconhecimento quase universal.

Por exemplo, não há como confundir a linguagem da Absolut Vodka. A *homepage* da empresa[8] faz a pergunta Absolut Legal: você tem a idade legal para beber? Caso você escolha a opção "Sim", você está liberado para entrar no mundo Absolut Wonder. Uma vez lá, você descobre mais sobre a Absolut Reality. Caso deseje contatar a companhia, clique em Absolut Contact. Tudo neste *site* é coerente com a campanha de *marketing* da Absolut – que vem ocorrendo nas últimas duas décadas. É uma campanha baseada em continuidade e variedade, e 700 anúncios foram produzidos desde 1980, todos relacionados com a visão original que lançou a Absolut Perfection.

A chave para formar uma linguagem passível de desconstrução é integrá-la em cada pequena peça de comunicação pelo qual sua empresa seja responsável, incluindo toda a comunicação interna.

DESCONSTRUA SEU ÍCONE

Os ícones ou símbolos têm maior probabilidade de se tornarem um dos mais importantes componentes na reconstrução de sua marca desconstruída. Atualmente, operamos em um mundo superpovoado de ícones, e esses números só estão aumentando.

Os ícones também são usados na propaganda para conectar símbolos, personagens e até mesmo animais a uma marca. Basta pensar no homem da Marlboro ou na Schweppes – um refrigerante que usa bolhas como marca registrada.

Os ícones bem-sucedidos ajudam as empresas a levar sua mensagem comercial para novos e inexplorados terrenos. Ah, e sabe o que mais? Os ícones verdadeiramente bem-sucedidos são também passíveis de desconstrução.

DESCONSTRUA SEU SOM

As marcas, em todo o mundo, subestimam o valor do som. Um tempo atrás, estava sentado em um café, tomando um expresso. Na mesa ao lado, o celular de alguém começou a fazer barulho. O toque era a muito conhecida melodia da Coca, "Sempre Coca-Cola". Naqueles poucos segundos antes de o outro consumidor atender o celular, a melodia havia se insinuado no meu cérebro, onde ela silenciosamente se repetiu ao longo de todo aquele dia. Isso certamente diz algo a respeito de *branding* digital, não só porque o dono do telefone estará exposto a este *jingle* cativante da Coca diversas vezes por dia, mas todos aqueles que por acaso estiverem ao redor serão obrigados a entreouvir a melodia também.

As marcas podem ser construídas com som – não o som que ignoramos em comerciais de rádio ou televisão, mas sim a música de fundo que toca em *sites*, lojas, chamadas de espera ao telefone ou mesmo toques de celular. A Banyan Tree, luxuosa cadeia de *resorts*, hotéis e *spas*, especialista em tranquilidade e paz para o corpo e a mente, toca a mesma música exótica e sutil no saguão de seus hotéis, assim como nos quartos. E mais, você vai escutar a característica melodia relaxante quando fizer suas reservas no *site*. Esse tema musical da Banyan Tree é inteiramente passível de desconstrução, da mesma forma que as melodias tocadas no Mandarin Oriental e no Península

Hotels são (embora eu deva admitir, como um hóspede frequente do Mandarin Oriental, cada vez que eu escuto a melodia, eu a associo com trabalho!). Cada um desses grupos de hotéis, que operam extensivamente na Ásia, há muito tempo atrás perceberam que a música contribui tanto para o *branding* como para a identidade visual geral de seus cômodos e saguões. Não surpreende que a mais recente marca hoteleira da moda, a Bulgari em Bali, foi um passo adiante e introduziu "paisagens sonoras" – zonas no interior do *resort* nas quais os hóspedes podem escutar diferentes músicas dependendo de seus ânimos, graças a um compositor japonês que conseguiu capturar a essência (e a emoção) de cada uma das vistas inesquecíveis do hotel.

Tanto a CNN quanto a BBC World têm usado de forma consistente o som como principal recurso de marca. E funciona? De acordo com a BBC World, sim. A característica melodia da televisão alcançou as paradas de sucesso quando a BBC lançou uma compilação especial de músicas da BBC World incluindo todas as suas composições usadas como temas de programas e estações.

A Qantas, companhia aérea da Austrália, lançou uma compilação especial de músicas de um coral de crianças cantando *I Still Call Australia Home*. A melodia dessa canção (que é extremamente empolgante e que foi escrita por um expatriado com laços emocionais à sua terra natal) tocava em cada avião da Qantas durante o embarque e o desembarque dos passageiros. Ela se tornou parte de cada um dos comerciais de rádio e televisão da Qantas, criando com sucesso um forte sentido de ligação emocional entre a companhia aérea e o consumidor, de um tipo que raramente se viu antes.

DESCONSTRUA SUA NAVEGAÇÃO

Como consumidor, você pode estar acostumado com uma determinada cadeia de supermercados, mas desconhecer uma loja em particular. Apesar dessa falta de familiaridade, você provavelmente ainda se sente confortável comprando lá porque a lógica interna é consistente entre os estabelecimentos, e a navegação na loja segue mais ou menos os mesmos caminhos. Depois do corredor dos vegetais enlatados vem o corredor de temperos, que se conecta com o corredor do macarrão, no qual você também vai encontrar uma fileira de molhos de tomate. Você ainda pode pegar o chiclete no caixa. Se você piscar, pode até achar que está de volta ao seu supermercado de costume. Isso não é por acaso, nem um caso de *déja vu*. Há uma organização deliberadamente pensada e planejada para atender às suas expectativas quanto à marca da loja.

A navegação – a forma na qual você encontra o caminho em um *site*, uma loja de departamentos, um supermercado ou qualquer outro ambiente familiar de compras a varejo – é inteiramente passível de desconstrução. Se você possui um, aposto que é capaz de navegar em seu iPhone ou iPod de olhos vendados. Se em algum momento você cogitar trocar de marca, talvez não será um fanatismo pela Apple que o manterá fiel, mas o árduo trabalho de ter que reaprender uma navegação alternativa. O fato é que isso também é *branding*! É um desafio para as empresas garantir que sua navegação permaneça consistente à medida que sua mensagem atravesse os canais de mídia. Contudo, ao usar o modelo do supermercado, sabemos que os vegetais estão ali ao lado dos laticínios, então, ainda que haja uma prateleira de castanhas no meio, teremos condições de fazer o salto mental. Da mesma forma, se você for uma empresa, é preciso haver uma série de conexões consistentes entre o *site*, as campanhas de telefonia celular, o *layout*, os folhetos e o sistema de telefonia automática porque todos eles estão conectados.

A consistência é a única forma de cortar o tumulto do barulho contemporâneo. Um dos melhores truques do arsenal do *branding*? Boa navegação.

DESCONSTRUA SEU COMPORTAMENTO

Caso você visite o Animal Kingom na Disney World, vai notar equipes em serviço na selva próxima aos tigres falando em um forte sotaque de Nova Déli. Na verdade, cada colaborador foi integrado para se adequar à marca dentro do parque temático.

A Virgin dominou essa noção de consistência também. O fundador da Virgin, Richard Branson, transmite ironia e humor por meio de sua comunicação casual, direta e secamente espirituosa. O estilo Virgin, por sua vez, ataca os valores culturais e comerciais de forma irreverente e bem-intencionada. Com uma cutucada e uma piscadela para o público, a Virgin cria boa vontade e respeito, e, mais importante ainda, torna a marca infinitamente passível de desconstrução.

Nos balcões de *check-in* dos aeroportos, é costume haver engenhocas indicando o tamanho máximo da bagagem de mão. As companhias aéreas fazem grandes esforços para transmitir as implicações legais e de segurança dessas restrições. A Virgin faz isso em seu próprio e inimitável jeito. De forma amigável, ela avisa os passageiros que "você pode ter um ego enorme, mas sua bagagem não pode ser maior do que isso (limite de 7kg)!"

A fila do *check-in* da Virgin? Igualmente indolor. Há funcionários sorridentes atendendo as pessoas, a sinalização é superamigável e os anúncios são seguidamente precedidos por "Senhoras e senhores, meninos e meninas...", reconhecendo os passageiros que são esquecidos com muita frequência. Mesmo o voo Virgin em si é passível de desconstrução, e a experiência continua após o pouso. Sinais direcionando os passageiros às bagagens com excesso de peso deliberadamente informam que "tamanho é documento!".

DESCONSTRUA SEU SERVIÇO

Se você estiver insatisfeito com qualquer aspecto de um produto comprado na Harrods, a lendária loja londrina, você pode devolvê-lo, trocá-lo ou simplesmente pegar seu dinheiro de volta. Sem problema algum. A política de fácil devolução é apenas uma parte do serviço pela qual a Harrods se tornou justamente famosa.

Desconstruir o serviço é tão viável quanto desconstruir todos os outros componentes mais tangíveis dando forma à sua marca. Os passageiros na Cathay Pacific recebem uma nota escrita à mão dos funcionários desejando-lhes uma viagem especial. Claro, você pode dar um lamúrio cínico e creditar isso a um roteiro padrão escrito pelo redator da agência de publicidade; no entanto, quando viajei pela companhia, fiquei surpreso ao ver que o passageiro sentado a meu lado recebeu uma nota similar, porém com uma mensagem completamente diferente. Outra vez, quando embarcava em um dos meus voos intermináveis, recebi um grande pacote da tripulação. Dizia, em parte, "Caro Sr. Lindstrom.... percebemos que está longe de casa faz tempo... então por favor aproveite o material de leitura anexo". O que havia ali dentro? Uma série de grandes envelopes contendo cópias dos jornais locais do meu estado de origem.

O Peninsula Hotel em Chicago oferece outro incomparável serviço de marca. Quando desejei escutar música no quarto, o atendente do balcão me informou polidamente que naquele Peninsula em particular não havia biblioteca de CDs. Ah, bem, acontece. Então, minutos depois, o recepcionista ligou para perguntar qual era meu tipo de música favorita. Respondi Eminem, Abba e os Beatles (secretamente me perguntando por que diabos ele estava me perguntando). Vinte minutos depois, escutei uma batida na porta. Quando abri, um dos funcionários totalmente identificável (e passível de desconstrução) do hotel me entregou um saco plástico contendo três CDs. Você adivinhou: Eminem, Abba e os Beatles. "Este é um presente pessoal meu para você", disse o funcionário. "Bem-vindo ao Península".

Agora, façamos uma breve pausa. Você acabou de ler essa história – assim como todos os outros lendo este livro. Relatei esse episódio a centenas de milhares de pessoas em minhas conferências, e para milhões que assistiram meu programa de TV ou leram meus artigos. Meu palpite seria que uns 15 milhões de pessoas escutaram essa história. O custo para o Península? Apenas 30 dólares.

As expectativas variam dependendo do que uma marca comunica a seu público e a percepção individual dos consumidores dessa mensagem. A maioria das empresas prometem demais e cumprem de menos. Umas poucas e raras fazem o contrário. A Louis Vuitton, fabricante de luxuosos artigos de couro, explicitamente *não* oferece uma garantia vitalícia em seus produtos. Na verdade, a documentação da empresa afirma que será cobrado um custo adicional para quaisquer reparos. O vendedor a quem você devolve seu produto defeituoso reitera essa ordem quando você leva o produto para reparo. No entanto, baseado em minha experiência, quando você retorna para pegar o item, são altas as chances de que você não terá de pagar nada pelo serviço – e um vendedor vai assegurar que isso foi feito especialmente para você.

DESCONSTRUA SUA TRADIÇÃO

Quando o encantador James Bond pediu seu martini "batido, não mexido", a frase levou o martini a um alto grau de possibilidade de desconstrução. Permaneceu na linguagem de coquetéis por 40 anos, tornando-se uma espécie de ritual ao longo do caminho. A frase é uma de muitos elementos passíveis de desconstrução da série de espionagem 007, e aparece em quase todos os filmes de James Bond. Em cada filme, James Bond participa de um roteiro que se tornou um ritual todo próprio. Sempre há carros velozes e mulheres sensuais. A música tema de James Bond é outro elemento essencial. Seja cantada por Shirley Bassey, Madonna ou Paul McCartney, a canção é totalmente Bond. E nunca é o bastante para o público ao redor do mundo. Eles esperam pelo próximo filme e vão em bando assistir, sabendo quase exatamente o que vão ver.

Mas vamos parar aqui um instante. Você chegou a ver o último filme do James Bond? Eu vi. Mas algo estava errado, ou faltando. Quando deixei o cinema, percebi que não era o único que se sentia assim. Mas o que era? Então assisti o filme uma segunda vez. A franquia James Bond havia eliminado seu componente mais bem conhecido e mais passível de desconstrução. A frase "batido, não mexido" havia sumido, assim como qualquer outra referência à bebida assinatura de Bond, o vodka martini (acontece que os produtores do filme pediram dinheiro demais dos fabricantes de bebidas para incluir os produtos no filme, então a Coca-Cola interferiu). A famosa introdução também havia sumido, assim como a típica música *jamesbondiana*. Da noite para o dia, o estúdio cinematográfico e o diretor, Mark Forster, haviam, sem dúvida inconscientemente, destruído alguns dos componentes mais passíveis de desconstrução do mundo.

Quanto maior for a tradição, maior será a possibilidade de desconstrução.

Outro tema maravilhosamente passível de desconstrução é o Natal. Guirlandas, Papai Noel, pinheiros, neve falsa, *jingles*, cantigas, peru assado e velas, sem falar nas combinações das cores vermelha, dourada e verde – cada aspecto da estação anuncia o Natal. Junto com essas tradições vem uma enxurrada de lembranças, e as marcas com frequência estão ligadas às memórias de momentos tradicionais. A Dra. Gemma Calvert, especialista em neurociência que trabalha em Oxford, Reino Unido, e que foi uma colaboradora inestimável à pesquisa global que conduzi para meu livro, *A Lógica do Consumo*, uma vez conduziu uma pesquisa sobre canela. Usando uma máquina de ressonância magnética, a Dra. Calvert examinou o cérebro de um grupo de voluntários – e descobriu que a fragrância de canela era o aroma número 1 em evocar um ânimo alegre de Natal. Todo o cérebro dos voluntários se iluminava (incluindo a região do cérebro responsável pela ligação emocional autêntica) conforme seus sujeitos de estudo inalavam o maravilhoso tempero. Por quê? Porque, ao longo do tempo, a canela se tornou para muitos um ingrediente essencial nos rituais de cozimento ou de produção de cidra, dando o pontapé inicial para uma jornada emocional sempre que a cheiramos.

As marcas precisam entender em qual contexto os rituais aparecem, e onde existe potencial para construir um ritual de marca. Um número excessivo de marcas ignora a importância de investir nesse fenômeno, deixando passar uma oportunidade de ouro de deixar os consumidores "se apropriarem" da marca... e então se tornarem seus embaixadores.

DESCONSTRUA SEUS RITUAIS

Pode um ritual ser patenteado? Aparentemente sim. A Mars fez exatamente isso quando solicitou a patente do gesto de tesoura com os dedos usado em seu comercial do Twix. O Registro de Marcas da Benelux aceitou, registrou, e agora a Mars está tentando estender a patente para todo o mundo.

O desenvolvimento de rituais baseados nas marcas está se mostrando uma mina de ouro para os proprietários. Analisemos o caso do Mallomar da Nabisco. O Mallomar, um biscoito "revestido" de chocolate, não funciona muito bem no calor (ele simplesmente se transforma em mingau). Para evitar o derretimento do Mallomar, a Nabisco interrompe a produção de abril a setembro. Mas, com a progressiva queda de temperatura, as pessoas começam a esperar o Mallomar voltar às prateleiras dos supermercados. Erin Bondy, porta-voz da Kraft, matriz da Nabisco, conta que, "quando eles retornam, alguns canais de distribuição me disseram que organizam festas para o Mallomar".[9] As andorinhas da Capistrano deviam ter essa sorte.

Tradição similar ocorre na Dinamarca. Em data especialmente designada em novembro, uma cerveja de Natal chamada Julebryg é entregue a cavalo para bares selecionados em Copenhagen. Mas esse não é o único ritual associado com a cerveja da Tuborg. Todos os anos, nos dias antes do Natal, um pequeno anúncio charmosamente animado começa a aparecer nos cinemas do país. Ele mostra uma pequena rena, seguida pelo Papai Noel passando sobre a tela, com uma trilha sonora natalina. Houve um ano em que a Tuborg decidiu cortar o anúncio – que era exibido havia anos, e a empresa presumiu que os dinamarqueses já estavam de saco cheio. Errado. As manchetes de jornal de toda a Dinamarca perguntavam: onde estava a rena? Um ano depois, a rena estava de volta aos cinemas, e jamais saberemos se o executivo da Tuborg que teve a ideia de removê-la ainda trabalha na empresa.

No mundo dos esportes, vemos com frequência rituais incorporados no jogo. Antes de o time nacional de *rugby* da Nova Zelândia, o

All Blacks, jogar, eles realizam uma dança de guerra Maori conhecida como Haka (o povo Maori tradicionalmente realizava a Haka antes de suas batalhas). Citando um exemplo mais questionável, os torcedores e jogadores do Cardiff City Football Club no País de Gales desenvolveram um ritual conhecido como "Fazendo o Aiatolá". A sorte do clube estava sendo ruim, e, após testemunhar cenas televisivas mostrando iranianos lamentando a morte do Aiatolá Khomeini, eles adotaram o gesto de bater no topo das cabeças com ambas as mãos a cada vez que o time perde um gol ou chuta para fora da área. Seja realizando o Haka ou Fazendo o Aiatolá, esses rituais passíveis de desconstrução facilmente identificam os times.

A maioria dos rituais é gerada pelos consumidores. Até hoje, poucas marcas enxergaram o valor de apoiar os rituais gerados pelos consumidores apesar da enorme ligação que podem criar. Os bebedores da Guiness têm verdadeira devoção pela cerveja escura, mas mais do que isso, há um ritual para bebê-la. Os bebedores da Guiness sabem que empinar um copo perfeito de Guiness é uma forma de arte; leva tempo e paciência.

- Resfrie a garrafa ou lata por, no mínimo, três horas. Os funcionários da Guiness sugerem entre 4º e 8ºC. Muitos acham essa temperatura um pouco gelada demais; na maioria dos Estados Unidos, a temperatura preferia é entre 9º e 12ºC.
- Comece com uma taça tulipa limpa e seca de 400 ml.
- Sirva em duas etapas, enchendo lentamente três quartos de uma taça inclinada em 45 graus.
- Espere o líquido parar de se mover antes de encher a taça completamente até o topo.
- Não tenha pressa, ou a espuma não vai assentar devidamente. Para ser perfeita, a duração do processo inteiro de servir deve passar de dois minutos; quatro a cinco minutos seria o melhor. Você quer que o colarinho dure enquanto houver cerveja.
- Agora que nossa tulipa está perfeita, com seu colarinho branco cremoso, está pronta para beber, tente criar um trevo no topo do colarinho ao despejar o final da espuma.
- Uma taça Imperial Pint de 400 ml contém 400 ml de líquido, não incluindo o colarinho. Ela permite controlar 360 ml de cerveja, deixando 40 ml para o colarinho, além do que fica acima da borda.

Em contraste com a maioria das marcas globais, a Guiness é uma das poucas que estabeleceu uma grande quantidade de rituais fortes em torno do consumo do produto. A marca também está intimamente ligada a sentimentos nacionalistas, assim como a instituições esportivas. Os muitos rituais da Guiness vão do jeito de pedir e beber a cerveja à forma como um grito de torcida pode ser reconhecido pelos consumidores – vendados – sem nem mencionar o nome. A marca evoluiu de uma marca tradicional de cerveja para uma posição na qual a Guiness tem fãs em vez de consumidores. A marca conseguiu cumprir cada um dos 12 componentes da filosofia Desconstrua sua Marca, incluindo formato, cor, linguagem e tradição.

DESTAQUES

Mesmo vendado, você saberia que está segurando uma clássica garrafa de Coca. E se essa garrafa cair e se despedaçar, outra pessoa será capaz de dizer o que era.

Remova o logo, e o que sobra? Uma marca é muito maior do que o logo. Os componentes restantes são facilmente identificáveis a você, consumidor? Se não, é hora de a empresa desconstruir a sua marca.

A filosofia Desconstrua sua Marca considera cada possível ponto de contato com o consumidor segundo uma visão de criar ou manter a imagem da marca. As imagens, os sons, os toques, o texto – tudo isso deve se tornar componente inteiramente integrado do produto em questão (cada aspecto desempenha um papel tão vital quanto o logo em si).

1. Desconstrua sua imagem

A Benetton é uma marca que sobreviveria à desconstrução. A imagem e o *design* são sua própria declaração e parte essencial do "coração" da Benetton.

2. Desconstrua sua cor

Uma rápida olhada nos logo das principais redes de alimentação revela que as cores criam associações claras, e são essas associações que vão beneficiar as marcas.

3. Desconstrua seu formato

Pense no formato das garrafas de Coca, Absolut ou Chanel No. 5. Formatos particulares se tornaram sinônimos de certas marcas.

4. Desconstrua seu nome

O McDonald's usa "Mac" ou "Mc" em sua estratégia de nomenclatura: Big Macs, McNuggets, McMuffins, McCafé. Sua filosofia de nomenclatura é parte essencial de sua marca. As submarcas se tornam intuitivamente reconhecíveis e cutucam o amplo conjunto de valores já estabelecidos pela marca-mãe.

5. Desconstrua sua linguagem

A linguagem da Disney sobrevive ao teste da desconstrução. Pegue uma palavra, frase ou coluna de qualquer publicação da Disney, remova cada referência à marca e *voilà*... a marca ainda é reconhecível!

6. Desconstrua seu ícone

A tecnologia nos deu muito mais canais – que estão abrindo cada vez mais oportunidades publicitárias. Os ícones precisam ser graficamente sofisticados o suficiente para que possam ser igualmente entendidos em cartazes, telas de computador ou visores de telefone celular.

7. Desconstrua seu som

As marcas podem ser construídas usando o som – e não estou falando do som que todos nós ignoramos em comerciais de rádio ou televisão, ou a música de fundo que toca em *sites*, lojas ou durante a espera no telefone, nem mesmo toques de celular (nas Filipinas, um dos mais proeminentes sons é chuva sobre lata – evoca café e deixa as pessoas com sede!).

8. Desconstrua sua navegação

A consistência é a única maneira de atravessar o tumulto do ruído branco que engolfa nossas vidas. A navegação é uma das mais essenciais ferramentas que podem se invocadas para construir e manter essa consistência.

9. Desconstrua seu comportamento

Richard Branson lidera o império da Virgin com senso humor, ironia, sátira e comunicação casual, divertida e direta. O estilo da Virgin, em troca, ataca de forma irreverente os valores estabelecidos.

10. Desconstrua seu serviço

Como os consumidores caracterizaram seu serviço? Único? Assim como é possível desconstruir todos os outros componentes mais tangíveis, as empresas deveriam desconstruir os serviços e ainda assim deixarem as marcas instantaneamente reconhecíveis.

11. Desconstrua sua tradição

Quanto mais forte for a tradição, maior será a possibilidade de desconstrução. O Natal é maravilhosamente passível de desconstrução. Assim como o James Bond. O público no cinema ainda quer escutá-lo pedindo seu martini "batido, não mexido", e a frase levou o martini a um alto grau de possibilidade de desconstrução. Bem, isso até recentemente, é claro.

12. Desconstrua seus rituais

A maioria dos rituais é criada pelos consumidores. Até hoje, poucas marcas enxergaram o valor de apoiar rituais gerados pelos consumidores, apesar da enorme ligação que eles podem criar.

NOTAS

1. http://www/ftc.gov/os/2007/06/cabebw.pdf.
2. Estudo sobre Brand Sense, 2003.
3. www.benetton.com.
4. www.quickstart.clari.net/qs_se/webnews/wed/bz/Bpa-heinz.RaYS_DSA.html.
5. http://www.brandonbournonbeerclub.com/milky-russian-vodka-in-a-breast-shaped-bottle.html.
6. www.press.nokia.com/PR/199810/778408_5.html.
7. Ibid.
8. www.absolut.com.
9. www.fredericksburg.com/News/FLS/2002/102002/10032002/747192.

4
ÉRAMOS CINCO

Recentemente, o Mcdonald's não estava se saindo tão bem quanto gostaria. As mudanças nos hábitos alimentares globais e a falta de serviço foram fatores importantes no declínio das vendas registrado na metade final de 2003. Repensar esses aspectos e tratar alguns dos problemas associados com a obesidade foi importante para em reverter essa tendência declinante. O próximo desafio talvez seja resolver o simples fato de que muitas pessoas ainda pensam que o Ronald cheira mal!

Um terço dos consumidores entrevistados na pesquisa Brand Sense acham que os restaurantes do McDonald's cheiravam a óleo rançoso. Na verdade, mais de um terço dos consumidores entrevistados nos Estados Unidos foram bastante severos em suas avaliações, dizendo que a repugnância que tinham ao cheiro lhes tirava o apetite pela comida – e pela marca. Uma grande parte dos 42% de consumidores entrevistados no Reino Unido concordou. Os Estados Unidos e a Grã-Bretanha são dois dos maiores mercados do McDonald's. Em comparação, o Burger King saiu-se melhor, visto que apenas um terço dos consumidores dos Estados Unidos e 30% dos britânicos tinham conceito semelhante.

Jamais subestime o cheiro do McDonald's. Paradoxalmente, metade dos consumidores disse que ama o cheiro de comida, e uma visita ao McDonald's os faz salivar. Contudo, o Burger King de novo ficou à frente do McDonald's nesse grupo, em que 70% fizeram uma associação sensorial positiva similar com a marca Burger King.

Os hábitos alimentares mundiais indicam que as pessoas estão cada vez mais preocupadas com a saúde. O McDonald's tomou a iniciativa de desenvolver itens mais saudáveis para incluir no menu padrão – uma oportunidade sensorial que a empresa não está deixando passar. Focar apenas no cheiro não seria suficiente para pintar o quadro completo de uma marca sob pressão. Pouquíssimas pessoas (14%) disseram que a comida não parece apetitosa. E 15% estavam insatisfeitas com a estética dos restaurantes. Os consumidores no Reino Unido foram mais rigorosos. Cerca de 24% daqueles afetados pelo barulho nos restaurantes disseram que o som no McDonald's lhes causava sentimentos "negativos". Mais pesquisas indicam que o som do McDonald's é muitas vezes equiparado ao de crianças berrando, e em alguns casos ao do bipe eletrônico do *timer* da fritadeira.

E QUANTO A AMANHÃ?

De certa forma, os publicitários trabalham em um mundo bidimensional e apenas de vez em quando se arriscam em um universo mais amplo no qual potencializam os cinco sentidos. É o que os consumidores querem, afinal de contas! Jogos simuladores de 4D, que incluam visão, audição, tato e olfato, são uma fixação permanente em parques temáticos e fliperamas ao redor do mundo. Em todas as grandes cidades do mundo, aromas doces e perfumes inebriantes sopram porta afora de muitas lojas especializadas em sabonetes perfumados e velas, incenso, *potpourris* e óleos aromáticos. A aromaterapia, em todas as suas formas, foi projetada para ajudar a criar ambientes pacíficos e relaxantes.

Conforme envelhecemos, nossos sentidos vão enfraquecendo. Algumas das mais poderosas impressões olfativas são formadas na infância. Como disse antes no Capítulo 1, o olfato infantil é 200% mais forte do que o dos adultos após a meia-idade.[1] Como as crianças influenciam em 80% (o que é espantoso por si só) das compras dos pais,[2] apelar a nosso senso olfativo se torna cada vez mais importante.

Da amostra entrevistada na pesquisa *Brand Sense*, a "visão" foi listada como o sentido mais importante para avaliar nosso ambiente por 37%. Depois vieram os consumidores que listaram o "olfato", com 23%. O "tato" ficou no ponto mais baixo da escala. Em termos gerais, no entanto, as estatísticas posteriores apontem apenas uma pequena diferença em relação à avaliação sentido a sentido, levando-nos a concluir que os cinco sentidos são importantes em qualquer forma de comunicação (sem falar na experiência de viver) – conforme testemunhado por nosso experimento com o Royal Mail.

Essa conclusão não surpreende. O que *é* surpreendente, contudo, é que o mundo do *branding* ignorou essas descobertas intuitivas por tanto tempo. Além disso, os resultados da nossa pesquisa Brand Sense revelaram que, quanto mais pontos de contato sensoriais os consumidores conseguem acessar quando estão pensando em comprar uma marca, maior será o número de memórias sensoriais ativadas. E, quanto maior for o número de memórias sensoriais ativada, mais forte será a ligação entre a marca e o consumidor.

Quase todos os consumidores entrevistados em nossos grupos focais na Brand Sense expressaram uma genuína surpresa em relação à falta de um apelo multissensorial nas marcas atuais. É extraordinário quando se pensa o que marcas como o McDonald's alcançaram sem prestar atenção a, digamos, o cheiro de seus restaurantes. Baseado na pesquisa Brand Sense, descobri que um apelo multissensorial afeta nitidamente a percepção da qualidade do produto – e, portanto, do valor da marca. A pesquisa demonstrou ainda uma correlação entre o número de sentidos aos quais uma marca apela e o preço. As marcas multissensoriais podem sustentar preços mais altos do que as marcas similares com menos características sensoriais.

A pesquisa Brand Sense também apontou para diversas outras variáveis que com frequência entram em jogo na mente dos consumidores. Por exemplo, a menção de uma marca de carro poderia evocar um sentido gustativo. No entanto, isso pode estar relacionado com o simples fenômeno de que as pessoas costumam comer no carro. Algumas marcas podem invocar associações sensoriais negativas. (Alguém disse McDonald's?) Isso acaba influenciando de forma negativa a percepção da marca como um todo.

O fato é que cada um dos nossos sentidos está inerentemente interconectado com os outros. Saboreamos com o nariz. Vemos com os dedos e escutamos com os olhos. Contudo, assim como podemos identificar uma marca por meio de uma garrafa quebrada, também podemos quebrar os sentidos para construir e gerar uma conexão positiva entre nós, consumidores, e as marcas de que gostamos – e, assim, entrar bravamente no território inexplorado do *branding* sensorial.

SOM

> O som nos coloca no quadro ou transforma o quadro em mais do que uma imagem. Como dizem os esquimós a um visitante que chega do frio: "Fale para que eu possa vê-lo. Acrescente uma voz, mesmo um sussurro, para que o outro realmente esteja lá".
>
> David Rothenberg

Quando o cinema surgiu, as pessoas assistiam a filmes mudos. O local nunca estava completamente silencioso porque aquelas primeiras imagens em movimento vinham acompanhadas com frequência de um pianista tocando junto com seja lá o que estivesse acontecendo na tela. É quase impossível imaginar um filme moderno sem som. O som é fundamental para construir o clima e criar a atmosfera do que está sendo narrado. O som está interconectado com nossos circuitos emocionais. Você sabia, por exemplo, que os músculos do ouvido médio de um bebê recém-nascido sofrem contrações reflexivas em preparação para a frequência da voz humana?

Ouvir é uma atitude passiva; escutar é uma atitude ativa. O som de uma marca deveria mirar tanto em quem ouve quanto em quem escuta, considerando que ambos são importantes para influenciar o comportamento do consumidor. Enquanto ouvir envolve receber informações auditivas, escutar se apoia na capacidade de filtrar, focar seletivamente, lembrar e reagir ao som. Usamos nossos ouvidos para ouvir e nossos cérebros para escutar. O som é emocionalmente direto e deveria, portanto, ser considerado uma ferramenta poderosa.

A forma como uma marca soa jamais deveria ser subestimada. Na verdade, muitas vezes pode ser o fator decisivo na escolha do consumidor. Mais de 40% dos consumidores acreditam que o som do telefone celular – ou seja, o som do toque – é muito mais importante do que o *design* do aparelho.

Em um estudo publicado no *Journal of Consumer Research*, Ronald E. Millman demonstrou que o andamento da música tocando ao fundo de lojas e restaurantes afetava o serviço, os gastos e até mesmo o fluxo de pessoas.[3] Quanto mais lenta for a música, mais as pessoas compram. Quanto mais rápida for a música, menos elas gastam. Estudos relacionados mostraram uma duração significativamente maior da janta em restaurantes quando se tocava música lenta. Isso resulta em mais dinheiro sendo gasto no bar. A conta média dos comensais era 29% mais alta com música lenta tocando no fundo do que com música agitada.

Mesmo que estejamos mais envolvidos em ouvir do que em escutar, nosso ânimo ainda é afetado pelo que ouvimos. Em um estudo empreendido por Judy Alpert e Mark Alpert, que exploravam o quanto a música afetava o ânimo, eles concluíram que a música agitada produzia ânimos agitados.[4] Contudo, uma música triste resultava em maiores níveis de intenção de compra.

O som da música

Um experimento fascinante ocorreu certa vez em uma pequena vila australiana. Residentes locais, alarmados com o aumento do crime nas ruas, juntaram-se e decidiram que a melhor maneira de confrontar o problema era retirando os delinquentes da rua principal após o anoitecer. Em vez de adotar uma postura mais policial, de maior segurança e mais dura com o crime, eles escolheram tocar música clássica. Cada quarteirão começou a tocar sons de Mozart, Bach, Beethoven e Brahms. Em menos de uma semana, a cidade percebeu uma queda drástica nos índices de criminalidade. O experimento foi tão bem-sucedido que a principal estação de trem de Copenhagen na Dinamarca adotou a mesma abordagem – com resultados similares.

O hotel e cassino Bellagio em Las Vegas também experimentou o poder do som. Eles prestaram especial atenção ao zumbido das máquinas caça-níqueis e da chuva de moedas caindo nas bandejas dos vencedores. Um grande som para um apostador vitorioso, mas bastante desanimador para o cara ao lado que ainda puxa a manivela e não obtém nada além do chiado de uma combinação perdedora. Por um tempo, eles substituíram os caça-níqueis barulhentos por outros digitais, mas para desânimo geral perceberam que o lucro com os caça-níqueis despencou nitidamente. Parece que um caça-níveis não é um caça-níveis a menos que tenha zumbido e chiado – e isso se aplica igualmente a perdedores e vencedores. Sem demora as máquinas originais foram trazidas de volta ao serviço.

David Anders, analista de jogos da Merill Lynch, concordou com a medida, acrescentando que o mercado "não está pronto" para caça-níqueis digitais. O som das moedas entrando e saindo das máquinas faz parte do ambiente de cassino, continua ele, visto que "gera excitação e chama atenção para a área. Deixa as pessoas saberem que outras pessoas estão vencendo. Com máquinas digitais, imagino que você só escutaria o zunido da impressora."[5]

Ânimo para pensar

A música cria novas memórias, evoca o passado e pode nos transportar instantaneamente para outros lugares e outras épocas. As três características estão presentes no universo da Disneylândia. Um som cuidadosamente coreografado é ouvido em todo o parque. Mesmo o som de pássaros é controlado. O ambiente inteiro é projetado para capturar o coração das crianças e acordar a criança dentro de cada pai de meia idade. Temas musicais e melodias clássicas interpretadas por personagens muito amados e muito reconhecidos são parte essencial da experiência completa da Disneylândia. Do alvoroço no portão principal à música animada tocando nas ruas, as canções características da Disney manipulam nosso ânimo com eficácia.

Uma vez trabalhei numa rede de hospitais nos Estados Unidos que sofria de uma altíssima taxa de cancelamento de consultas médicas. Então tive uma ideia: por que a administração do hospital não transformava a sala de espera infantil em um ambiente de praia e veraneio? Erguemos uma cerca, pintamos imagens de praia e céu nas paredes, enchemos a sala com areia e brinquedos – e dentro de algumas semanas, a taxa de cancelamento havia caído drasticamente. Outro exemplo: cerca de três anos atrás, trabalhei na França com um banco importante para avaliar o tempo de espera dos consumidores (os consumidores não estavam satisfeitos com as longas filas). Em um mês, mudamos a mobília escura por uma clara, nos livramos de todos os relógios, trocamos a música, borrifamos uma fragrância serena e reflexiva – e a percepção do tempo de espera dos consumidores caiu pela metade.

Enquanto lutam para encontrar maneiras de diferenciar suas lojas dos concorrentes, alguns varejistas estão começando a integrar componentes multissensoriais. NikeTown, Borders, FAO Schwarz e Victoria's Secret estão em uma lista crescente de empresas que usam mais do que a visão e a audição. A Victoria's Secret, por exemplo, toca música clássica nas lojas, criando uma atmosfera exclusiva e emprestando um ar de prestígio às mercadorias. Essas empresas não estão sós. A atual empresa global de *branding* sonoro Muzak tem um público de 100 milhões de pessoas escutando melodias de marca todos os dias em elevadores e dentro de *shoppings* e lojas, enquanto a cadeia de hotéis Le Méridien da Starwood toca música de elevador que é tão diferente da versão de "Let It Be" da Muzak quanto possível. Em muitos hotéis, toca-se uma "paisagem sonora" intrigantemente estranha, ou provocativa, tal como "cavalos trotando sobre a água". Os hóspedes do hotel Le Méridien não a esquecem com facilidade.[6]

Como dito antes, a audição e a visão são os dois sentidos já amplamente integrados em cada aspecto do *marketing* e do *merchandising*. Tradicionalmente, o som se foca no apelo à audição, em detrimento das capacidades de escutar, enquanto os publicitários ignoram muito a noção de que o som pode realmente influenciar nossas decisões de compra.

O som está se tornando mais sofisticado, e a primeira necessidade dos profissionais do *marketing* e da propaganda será avaliar que papel o som desempenhará em seu produto ou serviço. Sons específicos são associados com bens específicos – e algumas vezes, nós, como consumidores, não estamos conscientes disso. Obviamente, as empresas que comercializam áudio vão se focar quase exclusivamente no som. Onde o som for um importante componente do produto, as empresas devem ser inteligentes e usá-lo. Até mesmo produtos que não têm nada a ver com o som podem usar música como complemento a seus produtos. Em suma, o som não deve ser ignorado.

Como os consumidores estão cercados por um constante nível baixo de ruído branco das máquinas de lavar, lava-louças, liquidificadores, condicionadores de ar e coisas do tipo, muitos fabricantes optaram por não produzir som algum. O que eles descobriram foi que, retirando o som, os produtos tendiam a perder parte de suas "personalidades". Eles também perdiam meios cruciais de comunicação com o consumidor. Nos anos 1970, a IBM lançou seu novo e aperfeiçoado modelo de máquina de escrever 6750. A beleza do produto, acreditava a IBM, era que eles haviam conseguido criar uma máquina completamente silenciosa. Bem, os datilógrafos odiaram. Eles não conseguiam ter certeza quando a máquina estava ligada ou não! Então a IBM adicionou um som eletrônico para reproduzir o barulho funcional que haviam lutado tanto para eliminar!

Um bom *design* de som começou a surgiu em outras indústrias, demonstrando que o som pode adicionar algo extra à marca. As sugestões de luxo são com frequência inconscientes. Pegue, por exemplo, uma porta de carro. Quão inclinado você estaria a comprar um carro cujas portas fechassem com um som metálico oco? O modo como uma porta fecha é mais importante do que você imagina. No meio do século XX, quando os japoneses buscavam produzir um carro de alta qualidade, formaram a primeira unidade cuja única responsabilidade era enfrentar o desafio de um "som de carro de marca".

Não precisamos olhar para outra coisa fora o Acura TSX, projetado pelos japoneses, para ver o quanto a fabricação de carros se tornou sofisticada – particularmente na área do *branding* sensorial. Os engenheiros metodicamente refinaram o *design* dos caixilhos da porta para reduzir a ressonância de alta frequência quando as portas fecham. Eles também projetaram um "lacre de colisão de porta" que intencionalmente transmite uma vibração de baixa frequência para a porta em si, criando o som de "qualidade".

A montadora Nissan está prestes a lançar um novo método de reanimar os motoristas sonolentos. O Fuga, novo modelo da empresa, vem equipado com um sistema de "atenção auxiliar" que espalha no carro uma fragrância de floresta de pinho por meio do sistema de ar-condicionado para acordar o motorista que esteve na estrada por muito tempo e cujos olhos estejam ficando desatentos.[7]

Quase um terço dos consumidores entrevistados pela pesquisa Brand Sense afirma conseguir distinguir uma marca de carro da outra pelo som das portas fechando. Os consumidores japoneses e americanos são os mais sensíveis a esse fenômeno, com 36% no Japão e 28% nos Estados Unidos concordando. Apenas 14% dos consumidores nos países entrevistados não conseguiam perceber diferença.

Os fabricantes de carros dão especial atenção ao som e não é surpresa que, antes de um produto ir para a linha de produção, seu som é criado por uma equipe multidisciplinar constituída por engenheiros de som, *designers* de produto e psicólogos, assegurando que o som do produto realce os valores e transmita os parâmetros de confiança, segurança e luxo que beneficiam a marca.

A atenção à qualidade do som está agora se espalhando por toda uma ampla linha de indústrias. Empresas de brinquedos, *hardware* de computadores, bens domésticos e bens eletrônicos – todos esses fabricantes estão adotando monitoramento padrão de qualidade de som e estão conscientes de características como nitidez, intensidade, tonalidade, aspereza e flutuação.

O som de marca do Bentley

Em julho de 2003, foi lançado um dos carros mais prestigiados do mundo, o Bentley Continental GT, um projeto de aproximadamente 500 milhões de libras.

Um dos principais objetivos na acústica dos veículos é reduzir o barulho – barulho do vento, da estrada, da suspensão e especialmente do motor. E mais, o interior deve ser extremamente confortável, oferecendo o melhor no prazer da direção. O Bentley Continental GT não apenas deveria parecer um Bentley, como também devia *soar* como um. Desde o começo, os engenheiros de acústica decidiram como o carro deveria soar, e só então começaram seu trabalho de verdade. O som do Bentley era uma consideração tão séria que os engenheiros conseguiram influenciar o *design* do carro, assegurando que os canos de admissão e de escapamento fizessem um som verdadeiro, único e instantaneamente identificável.

A Bentley conduziu uma ampla pesquisa entre os donos dos Bentley já existentes testando novos acessórios, assim como a qualidade de som de outros carros esporte de luxo. Eles acabaram chegando a um som para o Continental GT, que é profundo, suave, musculoso e inspirador. Uma jogada esperta em um mercado em que 44% dos consumidores (sim, você leu direito) indicam que o som de um carro é o fator primordial em sua escolha de marca.

Era uma vez um som

O atual interesse renovado nos sons de marca está longe de ser novidade. Em 1965, foi registrado um famoso grito. Ele foi desmembrado em uma série de dez sons que alternavam entre o baixo peitoral e o alto falsete. Definido em uma descrição de dez pontos que variam do primeiro "som semilongo registrado no peito" ao "som longo final uma oitava abaixo, mais uma quinta acima do som precedente", o berro pertence ao Tarzan. E ninguém pode copiá-lo sem o devido crédito.

O poder do grito do Tarzan, as badaladas da rede NBC e o conhecido rugido de leão da MGM são sons com os quais milhões de pessoas estão familiarizadas há décadas. E, mais tarde, surge o som da inicialização do Windows. O Windows é o sistema operacional de 97% dos usuários de PC do mundo, e isso significa mais de 400 milhões de pessoas escutando a assinatura da Microsoft todos os dias.[8]

A Microsoft tirou vantagem da oportunidade? De acordo com nossa pesquisa *Brand Sense*, tirou – apenas parcialmente. Nos principais mercados, 62% dos consumidores entrevistados que têm acesso a um sistema operacional Windows com caixas de som reconheceram o característico som da inicialização da Microsoft, e o associaram diretamente com a marca. Os consumidores nos Estados Unidos e no Japão se mostraram os mais atualizados, em contraste com os consumidores europeus, que estavam substancialmente menos familiarizados com o som.

Como esse é o som que um grande número de usuários de computador escuta todos os dias de sua vida, os números que o reconhecem são relativamente baixos. Isso é compreensível quando você analisa a história do som do Windows. Desde a primeira vez que foi lançado em 1995, o Windows alterou seu som quatro vezes. A melodia de inicialização original de três segundos foi composta pelo compositor vanguardista Brian Eno. Seu desafio era criar um som que fosse inspirador, universal, otimista, futurístico, sentimental e emocional. Ainda assim, com todo o devido respeito a Brian Eno, a Microsoft perdeu uma oportunidade de criar em cima de sua enorme inserção de mercado. Como expliquei antes no Capítulo 2, há uma falta de consistência no som em todos os canais Microsoft, que incluem softwares, PDAs, telefones, jogos, televisão e a internet. Até muito recentemente, a Microsoft havia esquecido o poder do som, deixando a empresa em uma situação para a qual deveriam dedicar seus esforços em produzir o que poderia potencialmente se tornar uma das melodias de marca mais fortes da história do comércio. Se a Microsoft continuar trocando seu som de inicialização a cada semestre, ele vai assumir um caráter genérico na mente do público e – creia em mim – quase ninguém vai reconhecê-lo.

A arma secreta da Nokia

Essas barras de notação musical da Figura 4.1 não irão significar muito à primeira vista, mas essas simples notas deram à Nokia uma vantagem competitiva considerável. Sabe o que é? É a música do toque da Nokia, e foi patenteada.

A Nokia é a maior fabricante de telefones celulares do mundo, e por isso milhões de melodias são tocadas e ouvidas milhões de vezes por dia ao redor do mundo todo – o que equivale a centenas de horas de sons de marca para cada indivíduo.

Ao longo dos anos, a Nokia gastou muito dinheiro com o *marketing* da empresa. Mas eles praticamente não gastaram um centavo promovendo sua melodia – conhecida como a melodia Nokia. Não obstante, a melodia Nokia é reconhecida no mundo inteiro. Façamos a conta. Em média, um telefone celular toca cerca de nove vezes por dia. A duração média de um toque de celular é oito segundos, deixando o dono exposto a mais de sete horas de toques de celular por ano! E isso sem considerar a quantidade substancial de toques que uma pessoa ouve de outros donos de celular. Então, até que ponto a Nokia conseguiu capitalizar essa importante oportunidade de *branding*?

De forma lenta, porém firme, a Nokia construiu um reconhecimento significativo de sua marca apenas tirando vantagem de algo tão simples quanto seu toque de celular. Nossa pesquisa Brand Sense mostra que 41% dos consumidores ao redor do mundo reconhecem e associam a melodia com a marca quando escutam um telefone celular da Nokia tocando. No Reino Unido, esse número é consideravelmente maior, com 74% reconhecendo a melodia, enquanto, nos Estados

Figura 4.1
Uma fórmula de sucesso? A melodia Nokia – tocada por milhões de consumidores... todos os dias!

Unidos, há 46% de reconhecimento. Não é coincidência o fato de que a melodia mais repetida no filme *Simplesmente Amor*, estrelado por Hugh Grant, é a melodia Nokia. Filmada em Londres, a trama integrou a melodia Nokia como ingrediente importante quando a insegura personagem Sarah, interpretada pela atriz Laura Linney, revela seu caso de amor viciante com um telefone celular Nokia. Não surpreende o fato de que a melodia Nokia tenha se tornado um fenômeno sonoro integrado no Reino Unido.

A linguagem secreta da Nokia

A Nokia criou um reconhecimento sonoro espetacularmente alto ao redor do globo. Esse registro sonoro envolve um reconhecimento quase subliminar associado com várias funções do celular: aceitar, rejeitar, recarregar, bateria vazia e até mesmo um alarme para acordá-lo ou lembrá-lo de um compromisso importante. É provável que você esteja tão acostumado com a paleta sonora que reconheça a linguagem de som da Nokia sem nem mesmo estar ciente de que a conhece.

Com base em sua participação de mercado de 39%, vamos assumir que a Nokia tenha produzido alguns 400 milhões de telefones celulares. E, assumindo que todos esses telefones ainda estejam em uso, milhões incontáveis de pessoas estão atualmente escutando a mais de sete horas de melodia Nokia por ano. Esse número talvez seja menor uma vez que é impossível contar o grande número de consumidores que escolheram outros toques, assim como o fato de que cada telefone Nokia que sai da fábrica hoje é instalado com a melodia Nokia como padrão de inicialização.

Nos últimos cinco anos, a Nokia estabeleceu uma sólida máquina indireta de *branding* que alimenta nossos sentidos de maneira frequente e altamente eficaz. O fato surpreendente permanece: a Nokia não está gastando um único dólar para assegurar tamanha exposição.

Contudo, devo acrescentar aqui algo muito importante. Em *A Lógica do Consumo*, meu time e eu conduzimos a pesquisa de *neuromarketing* global mais extensa já realizada. Nossos voluntários escutaram a melodia Nokia em um leitor de ressonância magnética do cérebro e os resultados foram, para dizer o mínimo, surpreendentes. A melodia Nokia – ouvida ao redor do globo todos os dias com a mesma frequência que "Feliz Aniversário" – revelou-se algo muito desanimador para os donos de telefone celular Nokia. Ela os fazia lembrar de estresse, responsabilidades do trabalho e a chamada que eles esperavam não vir do escritório. Há rumores de que, desde a publicação de *A Lógica do Consumo*, a Nokia alterou sua melodia...

A busca da Motorola pela melodia certa...

Depois da Microsoft, a concorrente mais próxima da Nokia é a Motorola. Ela está lutando para alcançar o mesmo tipo de reconhecimento de marca de que a Nokia goza. Contudo, espantosos 11% dos consumidores entrevistados em nossa pesquisa Brand Sense confundiram o toque da Motorola com a melodia da Nokia. Essa porcentagem é ainda mais alta nos Estados Unidos, mercado de origem da Motorola, onde 15% das pessoas confundiram as marcas, geralmente presumindo, que o toque era da Nokia. Apenas 10% dos consumidores entrevistados no mundo inteiro reconheceram o toque da Motorola, incluindo 13% em seu mercado de origem. Mas ainda estamos no começo. Ainda há inúmeras oportunidades sonoras prontas pra serem exploradas.

Intel *versus* Nokia

Até há pouco tempo, se você mencionasse a palavra "microprocessador", seu interlocutor lhe devolveria um olhar entediado e mistificado. Poucos consumidores sabiam qualquer coisa sobre o processador, embora fosse o "cérebro" que operava seus computadores. Mas hoje muitos usuários de computador pessoal são capazes de recitar a especificação e a velocidade do processador, da mesma forma que os donos de carros sabem dizer se tem um motor V4, V6 ou V8. O reconhecimento da "Intel" cresceu junto com nosso reconhecimento do *chip* e do que ele realmente faz.

Lançado em 1991, o programa Intel Inside criou história. Foi a primeira vez que uma fabricante de componentes de computador foi bem-sucedida em se comunicar diretamente com os compradores de computador. Hoje, o programa Intel Inside é um dos maiores programas de *marketing* cooperativo do mundo, apoiado por milhares de fabricantes de PC licenciados para usar os logo da Intel Inside e que gastam quase 200 milhões de dólares por ano em *marketing* em cima desse programa de *marketing* cooperativo, cujo valor estimado é de um bilhão de dólares. A Intel conseguiu fazer valer seu dinheiro? Definitivamente, considerando que 56% dos consumidores ao redor do mundo reconhecem a melodia Intel Inside. Ainda assim, é intrigante perceber que a Nokia alcançou reconhecimento sonoro com apenas um investimento limitado, enquanto a Intel gastou milhões tentando alcançar o mesmo objetivo. Isso torna a Intel literalmente o único produto no mundo que ninguém viu, ouviu ou tocou; no entanto, usando som e imagem como pilares principais de sua estratégia de *branding*, as pessoas de todo o mundo podem dançar escutando a melodia Intel.

Cada produto tem um som. O assovio do micro-ondas Siemens, o *ding-dong* da lava-louças Miele. As portas do seu BMW, do computador Dell, do relógio de pulso Seiko, todos têm os sons inconfundíveis. Sons não eletrônicos também perpassam nossas vidas. Rolhas estouram. Escutamos a abertura da caixinha do leite, o triturar dos flocos de milho, o borbulhar de um refrigerante recém-servido. Existem mil marcas que ainda precisam compreender o enorme potencial disponível em explorar os sons e torná-los uma característica integral do que elas têm a oferecer aos consumidores.

Uma coisa é certa. É apenas questão de tempo até que todo mundo comece a fazer algum barulho.

ESTUDO DE CASO: BANG & OLUFSEN: O *BRANDING* DO SOM DE ALUMÍNIO CAINDO!

Existe alguma semelhança entre o som de alumínio caindo sobre os paralelepípedos em uma rua dinamarquesa e o som do toque de um telefone convencional? Soa estranha essa comparação? Talvez não. Se eu o colocasse sentado em uma sala cheia de telefones tradicionais, cada um ecoando o toque de um telefone de marca, você seria capaz de identificar qual marca é qual? É claro, você escutaria a diferença de um telefone para o outro, mas seria capaz de determinar a marca?

Não importa se estamos falando da AT&T ou da GE, da Panasonic ou da Sony: nenhuma fabricante de telefones convencionais projetou um som característico, amigável e de marca semelhante à melodia do telefone celular Nokia – exceto uma que, lá em 1993, lançou seu modelo mais recente e quebrou o silêncio de marca.

Quando a Bang & Olufsen, fabricante dinamarquesa de produtos de luxo de alta fidelidade, contratou o músico e compositor Kenneth Knudsen para projetar um som único, sedoso e chamativo para o próximo telefone convencional Beo-Com 2, o desafio era pensar lateralmente e lançar um som que fosse reconhecivelmente distinto. O som não apenas deveria ser característico, mas também deveria servir como logo sonoro inconfundível para a marca Bang & Olufsen.

O resultado é evidente. Knudsen combinou os sons de tubos de alumínio caindo com notas musicais, um som que ele acreditava refletir o conceito do BeoCom 2 por inteiro. "Nós o chamamos de melodia de toque em vez de tom", conta ele, "visto que contém muitos outros elementos além de uma simples nota. Essa melodia de toque tem uma textura acústica de metal e vidro, representando os componentes físicos do telefone em si. Em um segundo, desejamos transmitir um ânimo, um sentimento, uma impressão; a mesma que você sente quando conhece o produto físico". A melodia do toque do BeoCom 2 elevou o padrão de qualidade na fabricação de telefones convencionais. Ao refinar esse ponto de contato sensorial preexistente, é estabelecido o valor de marca adicional, e outro aspecto da marca Bang & Olufsen adentra o universo.

Poul Praestgaard, Gerente de Tecnologia e Inovação na Acoustics Research, afirma que o elemento "humanizador" vai se tornar padrão em todos os futuros avanços da Bang & Olufsen. Essa atitude apoia perfeitamente o valor central da marca e acrescenta outra dimensão sensorial à identificação do produto.

VISÃO

> A questão não é para o que você está olhando, mas o que você está vendo.
>
> Henry David Thoreau

Uma questão: é possível transmitir um comercial de TV inteiro sem revelar o logo da marca nenhuma vez? Ou ainda, sem nem mesmo mencionar o nome da marca? Nas Filipinas, a Nestlé recentemente decidiu tirar vantagem de sua posição de liderança quando lançou uma nova campanha para o carro-chefe da marca, o Nescafé. Trabalhei muito com a equipe da empresa para encontrar maneiras de criar um anúncio de TV da forma proposta. O segredo? Fotografar uma caneca vermelha e *apenas* uma caneca vermelha (se você conhece o Nescafé, provavelmente conhece aquela caneca vermelha tradicional). Nas Filipinas, a marca havia alcançado fama nacional, motivo pelo qual os consumidores podiam identificá-la imediatamente com o café Nescafé. O que criamos foi o primeiro comercial de TV da empresa – estrelando uma mininarrativa de um rapaz retornando da cidade grande para uma cidadezinha do interior. Sua bebida de boas-vindas no lar? Uma xícara vermelha de Nescafé. Sem mencionar uma vez sequer seu nome, esse comercial altamente passível de desconstrução tocou em cada um dos elementos da marca e entrou instantaneamente no coração dos blogueiros por todo o país, onde chegou a atingir *status* de *cult*. Hoje, você terá dificuldade em encontrar o logo da Nescafé nos anúncios da empresa – sendo que as vendas nunca estiveram tão altas.

O cérebro humano atualiza as imagens mais rapidamente do que as vemos. Ele adapta cada virada de cabeça, cada movimento, cada cor e cada imagem. Ao descrever a visão, a Dra. Diane Szaarski afirma que: "a eficiência e a completude dos olhos e do cérebro não têm paralelo em comparação com qualquer parte de um aparato ou instrumento já inventado."[9]

A visão, é claro, é o mais poderoso dos cinco sentidos. De acordo com Geoff Crook, o presidente do laboratório de pesquisa em *design* sensorial no Central Saint Martins College of Art and Design em Londres, 83% das informações retidas pelas pessoas foram captadas visualmente. Ele segue dizendo que isso provavelmente ocorre em razão da falta de outras opções.[10] A questão permanece: esse fato ainda é relevante? Todas as indicações da nossa pesquisa Brand Sense apontam que, de todos os sentidos, o olfato é de longe o mais persuasivo.

Quando *Brand Sense* foi para as prateleiras pela primeira vez em 2005, conduzi uma série de simpósios ao redor do mundo. Durante uma sessão em Nova York, tive uma experiência que jamais esquecerei. Uma mulher se aproximou e me contou que ela havia perdido a visão temporariamente seis meses antes – e num ponto chegou a se perguntar se a vida ainda valia a pena. Contudo, enquanto conversávamos, ela revelou um *insight* fascinante. O primeiro mês de sua vida sem visão, ela entrou em pânico... e então aconteceu algo inesperado. Subitamente, após um mês, ela conseguiu encontrar as coisas apenas usando o olfato, seja a localização da Starbucks da vizinhança, ou a rua que ela sabia que devia virar à direita para chegar ao local de trabalho. Ela sabia até mesmo quando alguém estava passando por ela na calçada (e algumas vezes até sabia quem era!). Gradualmente, seu senso olfativo ficou ainda mais intenso, assim como os outros quatro sentidos. Quando ela finalmente recuperou a visão, ela me disse, ela podia cheirar, escutar, tocar e provar melhor; na verdade, cada um dos seus sentidos havia melhorado. De vez em quando, peço a publicitários ou construtores de marca que finjam estar sem visão por 48 horas. A princípio, é claro, é de acabar com os nervos, mas, assim como a mulher em meu simpósio em Nova York, eles perceberam que os outros sentidos se tornaram mais agudos e mais afiados. (Uma vez fui longe o suficiente para pedir a um grupo de executivos do McDonald's para visitar os restaurantes vendados. Além de outras coisas, isso os ensinou que a empresa tinha muito, muito mais além daqueles arcos dourados conhecidos, incluindo cheiros, sons e pontos de contato.)

A realidade é que quantidades copiosas de informações visuais nos bombardeiam 24 horas por dia. Os mecanismos naturais de filtragem do cérebro são ativados, e assim os efeitos visuais acabam por não conseguirem dar aquele soco de direita que tinham o potencial de alcançar. Ainda assim, uma pequena porcentagem dos 19% dos consumidores entrevistados em todo o mundo acredita que a aparência de uma peça do vestuário é mais importante do que a sensação que ela causa. Ao passo que a metade de nossos entrevistados colocou a ênfase na sensação e não na aparência.

A indústria da moda não está sozinha ao experimentar esse movimento na preferência entre olhar e sentir. A indústria alimentícia está testemunhando a emergência de um padrão similar, embora menos drástico. Mais de 20% dos consumidores afirmam que o cheiro da comida é mais importante do que o sabor. Isso se refere menos a uma rejeição de preferências de *design* ou de sabor duradouro, e mais a uma indicação da emergência dos outros sentidos tomando o lugar no esquema holístico de um universo sensual. Ainda assim, não há como escapar do fato de que um *design* característico gera marcas características, e as marcas bem-sucedidas são, por sua própria natureza, visualmente passíveis de desconstrução.

Assim como o Nescafé assegurou a propriedade do seu recipiente (assim como a do cheiro que todos nós inalamos quando abrimos o produto – a propósito, esse cheiro não existe na natureza, e foi desenvolvido em laboratórios ao longo das últimas décadas para assegurar que um cheiro de café maravilhosamente fresco ataque as narinas no momento em que destampamos o vidro), é igualmente possível assegurar a propriedade de uma pílula. Você leu direito, *uma pílula*. Qualquer homem que tenha chegado a confiar naquela pílula azulzinha em formato de diamante sabe do que estou falando. É o Viagra. O Viagra é uma das joias da coroa da companhia farmacêutica Pfizer. Antigo aspirante a presidente, o senador Bob Dole se tornou um dos porta-vozes pagos por essa droga, mirando na disfunção erétil. Nos anúncios, ele se referia às pílulas como seus "amiguinhos azuis" e prometia que elas "mudariam a vida para melhor".

O Viagra é um exemplo excelente de como a cor e o formato podem ser usados de forma eficaz e ser protegidos por marca registrada. Essa combinação de identidade de marca farmacêutica e *design* de produto é reconhecida em todo o mundo. Ao tomar vantagem dos componentes visuais do comprimido, a Pfizer ajudou o Viagra a garantir lealdade de marca patenteada.

As empresas farmacêuticas em geral distinguem seus produtos pela cor e pelo formato. Os comprimidos da Accudose, que tratam problemas da tireoide, vêm no formato de uma glândula tireoide. Nos anúncios de TV, a AstraZeneca promove seu principal medicamento contra o câncer como a "pílula roxa". Nada disso é novo. Há 30 anos, os Rolling Stones se referiam a um Valium de cinco miligramas em *"Mother's Little Helper"*, uma sardônica canção sobre mulheres que precisavam da ajuda de pequenas pílulas amarelas para aguentar o tranco do cotidiano.

Existem comprimidos e cápsulas de todos os tamanhos, formatos e cores, cada um pensado para diferenciar o produto, transmitir uma "sensação" emocional particular à droga e instilar lealdade nos consumidores. A aparência de um comprimido é um aspecto importante para a manutenção da lealdade. Quando a AstraZeneca decidiu substituir o Prilosex pelo Nexium, eles não apenas decidiram usar a mesma cor, como também se referiram ao medicamento como "a *nova* pílula roxa".

O formato das coisas

Pequenas pílulas azuis são uma forma de mudar a vida das pessoas, mas um uso inovador do formato pode mudar a vida e o destino de uma cidade inteira. Vejam Bilbao, cidade dilacerada pela recessão, no país basco, na Espanha. Esse porto industrial há muito sonhava em revitalizar e reinvestir sua imagem algo dilapidada. Após anos de planejamento e negociação com a fundação Solomon R. Guggenheim, eles contrataram o inovador arquiteto Frank O. Gehry para projetar um museu único em uma área enorme no meio da cidade.

Gehry projetou uma escultura orgânica. Suas arrebatadoras curvas folheadas de titânio abrigam um museu tão espetacular (e tão instantaneamente icônico) que o Bilbao Guggenheim se tornou uma das novas áreas mais populares da Europa. Os turistas estão indo até lá às multidões apenas para experimentar as galerias do Guggenheim. Bilbao, antes apenas mais uma maçante cidade industrial no mapa europeu, foi transformada por um prédio, que acena aos visitantes com seus formatos corajosos, ousados e totalmente exclusivos.

Em geral, estruturas arquitetônicas inovadoras transformam instantaneamente as marcas registradas lendárias em sinônimos das cidades nas quais estão. Apenas Sydney, na Austrália, pode reivindicar as velas levantadas do Opera House cintilando na faixa litorânea submergível do porto. O *design* revolucionário de Jorn Utzon, com seus formatos orgânicos e a falta de decoração na superfície, se soma ao visual de Sydney de todas as formas – é um espaço para arte dramática, para as pessoas se reunirem em seus amplos degraus, para os artistas de rua se alinharem nas calçadas, além de oferecer algumas das mais espetaculares vistas da cidade. A Opera de Sydney e o Guggenheim de Bilbao são altamente passíveis de desconstrução.

O formato é um visual instantaneamente reconhecível de qualquer marca. Quando Theodore Tobler projetou um formato triangular para a barra de chocolate, o formato se destacou de forma mais proeminente do que o sabor. Em 1906, era contra a lei os fabricantes de chocolate usarem sua herança suíça nos logos, então, como forma de proclamar sua nacionalidade, Tobler usou a montanha Matterhorn para inspirar o formato do produto. Temendo que um concorrente pudesse imitar o conceito, ele solicitou a patente do processo de fabricação em Berna. Ela foi concedida e o Toblerone se tornou o primeiro produto de chocolate do mundo a ser patenteado.

Uma vez, quando criança, decidi derreter um Toblerone em barras de chocolate individuais. Mas, quando ofereci as barras para meus amigos, nenhum gostou. Claramente, a essência do Toblerone (o grande objetivo da coisa, na verdade) é que você tem que lutar com ele na boca, e que muito do prazer de comer uma barra de Toblerone tem a ver com a conquista de seu formato característico.

Dezessete anos depois de Theodore Tobler patentear o chocolate, Milton S. Hershey registrou o Hershey's Kisses e amarrou os chocolates em um ícone cultural. Durante o século passado, foi construído um mundo inteiro de Hershey sobre o alicerce dos Hershey's Kisses originais. A cada dia, 25 milhões de Kisses saem da linha de produção em Hershey, na Pensilvânia. É uma cidade que se autodeclara "O lugar mais doce do planeta", um lugar que está "construído sobre chocolate". Os postes de luz são do formato dos Hershey's Kisses, e há acomodações, instalações em geral e atividades "de todos os sabores"! [11]

O Parque Hershey é uma das atrações principais. Entretenimento dia e noite. *Halls* de comida que servem *milkshakes* de chocolate Hershey e *brownies* da Hershey's Kisses. Você pode fazer conferências no Hershey Lodge, ficar no Hotel Hershey e se deleitar no *spa* com tratamentos como banhos de Cacau Batido e agasalhos de *Fondue* de Chocolate. Uma doçura.

Deixando os chocolates de lado, existem diversos produtos que basearam suas identidades em formatos distintos. As bebidas alcoólicas estão na linha de frente. Pegue a garrafa Galliano, no formato de uma coluna romana clássica. A vodca finlandesa Kahlúa, o gin Bombay, o Johnnie Walker e o conhaque Hennessy XO são produtos cujos formatos das garrafas definem as marcas.

Mais recentemente, as bebidas olharam para o mundo do perfume e da moda buscando inspiração. Coco Chanel amava vidros de perfume. Ela chegava a dispor os vazios na penteadeira. Dizem que ela disse uma vez: "Essas garrafas são minhas memórias de entrega e conquista... minhas joias da coroa do amor", e depois declarou que "a garrafa é a manifestação física do aroma ali contido, ousado, sedutor, atraente".[12]

O que a indústria de bebidas alcoólicas mais adoraria é imitar algumas esperanças e promessas que os vidros de perfume comunicam – o que não é tão artificial quanto pode parecer. As embalagens têm mistério e intriga. Estatísticas mostram que 40% de todas as decisões de compras de perfume são baseadas no *design* do vidro. Jean-Paul Gaultier levou essa noção ao extremo com o Fragile, seu perfume feminino. O Fragile vem em uma caixa de papelão marrom com a palavra "Fragile" carimbada em vermelho. Dentro da embalagem intrigante, há uma bola de neve mágica. Balance-a e mil flocos dourados dançam ao redor da mulher Fragile. Cerca de 2 milhões de unidades foram vendidas. Não é à toa, visto que hoje sabemos que 80% do tempo que gastamos para decidir em *free shops* a qual perfume comprar se baseia inteiramente no formato ou no *design* do vidro – não no cheiro do perfume!

Na indústria automobilística, o formato também desempenha um papel vital. Em muitos modelos de carro, o formato se tornou até a característica definidora. Pense no Fusca, no Mini e no Hummer, de inspiração militar. No meio desse público distinto e centrado no formato, a Lamborghini esculpiu seu próprio nicho especial, visto que é o único veículo cujas portas abrem para cima e não para o lado. Essa característica única é patenteada. Ninguém mais pode fabricar carros com esse tipo de porta.

Formatos distintos criam o mais sólido alicerce para a construção de marca em todos os canais. Reconhecemos e recordamos o formato e talvez seja isso o que conta para a longevidade dos Hershey's Kisses, do Toblerone e do Fusca.

TOQUE O CÉU

> A felicidade tem textura.
>
> Oprah Winfrey

Agora as garrafas de vinho vêm com tampas de rosca no lugar das rolhas. O vinho selado com rolha tem melhor sabor do que o vinho selado com tampa? Provavelmente não, ao menos não em safras recentes. Então, isso é inegavelmente uma questão de percepção, mas, por mais irracional que seja, imagino que o vinho que acabei de servir de uma garrafa recém-desarrolhada é superior. A tampa de rosca me lembra refrigerante e (de novo, irracionalmente) não consegue me garantir a qualidade do vinho. As sensações táteis associadas com a abertura de uma garrafa de vinho com rolha se perdem. Que dizer da véspera de Ano Novo, no bater da meia-noite? Imaginemos que um alto executivo em uma empresa de champanhe francesa decida substituir as rolhas por tampas. O que aconteceria? 3... 2... 1... Feliz Ano Novo! Mas, em vez de um grande estouro, os festeiros iam ouvir apenas um silvo triste, sutil e desanimador. O ritual estaria perdido, o champanhe teria um sabor horrível e eu não ficaria nem surpreso se o ano vindouro fosse um desastre! Tudo isso por causa do simples estouro de uma rolha.

A forma como sentimos uma marca tem muito a ver com o tipo de qualidade que atribuímos ao produto. As pessoas ainda saem por aí chutando os pneus de um carro que estão pensando em comprar. Isso pode ter sido um teste de qualidade razoável muitos anos atrás, mas hoje é tão irracional quanto o conceito de que a rolha acrescenta alguma coisa ao sabor do vinho. Por mais sem sentido que seja, sentir um produto é essencial para formar a percepção que temos da marca.

O modo como sentimos um carro quando nos sentamos dentro dele e passamos as mãos na direção e nos controles é de extrema importância para 49% dos consumidores que pensam em comprar um carro. Menos de 4% das pessoas entrevistadas sugeriram que a sensação tátil de um carro é irrelevante.

A cadeia de supermercado britânica Asda, subsidiária da Walmart Inc., simpatizou com as vantagens econômicas do tato. Eles rasgaram as embalagens de diversas marcas de papel higiênico para que os compradores pudessem sentir e comparar texturas. O resultado foi o crescimento das vendas da marca própria, além da decisão da direção de destinar 50% de espaço adicional da loja para seu produto.

Para contrabalançar a umidade da Flórida, a Disney World borrifou água gelada nas pessoas que passavam pelas lojas, atraindo-as até o ar-condicionado do mundo do *merchandising*. Em Las Vegas, a Coca instalou máquinas automáticas de venda de latinhas que pulveriza uma névoa sutil no rosto dos turistas sempre que a temperatura alcança 38 graus centígrados. De acordo com o *designer* dessa inovação, quando a máquina começa a enevoar, as vendas sobem às alturas.

As qualidades táteis de uma marca não são tão óbvias quanto esse fator. Talvez um dos mais intrigantes resultados que surgiram com a pesquisa *Brand Sense* venha da telefonia celular. Seria possível pensar que o lançamento de telefones celulares modernos, que permitissem aos usuários personalizar suas aparências e toques, estaria sempre suscetível ao constante desfile de modelos mais novos e mais modernos. Bem, pense outra vez. Nossos resultados revelaram que 35% dos consumidores entrevistados declaram que a forma como sentem o telefone é mais importante do que sua aparência. Uma espantosa porcentagem de 46% de consumidores nos Estados Unidos pensa da mesma maneira.

A percepção dos consumidores acompanha a velocidade com que são fabricadas versões menores e mais leves dos produtos eletrônicos. Apesar de um maior peso intuitivamente nos fazer sentir que o produto é de maior qualidade, também gostamos da conveniência dos pequenos e leves. Há uma condição importante, contudo, que é o seguinte: o mecanismo em questão tem de ser feito de materiais de qualidade. Não queremos que as câmeras digitais pareçam de plástico, nem que os PDAs pareçam de latão. Exigimos *expertise* superior e os materiais mais inovadores.

Muitos produtos eletrônicos estão indo na linha retrô. Uma nova linha de câmeras digitais está tomando inspiração em câmeras pré-digitais porque os consumidores estão exigindo mais do que a tecnologia pela tecnologia. O tamanho médio de uma mão humana é simplesmente grande demais para alguém se sentir confortável e confiante manipulando uma câmera que pode se encaixar exatamente na palma. E existe também a questão do som do obturador. Essas câmeras maiores da nova geração acrescentaram um som artificial de obturador que avisa quando a foto foi batida.

Um mecanismo tão simples quanto um controle remoto pode nos dizer muita coisa sobre a qualidade de uma marca. Quanto mais pesado for o controle, maior será a qualidade – ao menos de acordo com o consumidor, que com frequência faz sua avaliação de qualidade com base em como sente o produto, e não na aparência dele. Isso pode explicar porque a fabricante de equipamentos de luxo de alta qualidade Bang & Olufsen aumentou o peso do controle remoto. Eles procuraram construir consistentemente itens de qualidade insuperável, mas trabalharam muito para garantir que os consumidores tenham a melhor percepção possível da marca. Eles enfatizaram cada aspecto de sua engenharia, incluindo o peso do controle remoto, a forma como os produtos abrem e fecham, e precisão do som gerado pelos motores dos computadores.

A Coca perdendo força

Em 1996, a Coca-Cola Company trabalhou no Projeto Lata, que foi criado para transformar a embalagem de garrafa em lata. Ao final do ano 2000, a Coca-Cola tinha seu primeiro protótipo pronto para produção. A famosa garrafa estava prestes a se transformar em uma lata de alumínio no formato de garrafa. Então surgiu um obstáculo inesperado. O novo formato da lata cheia não conseguia suportar o peso das pilhas do produto nos armazéns. O prejuízo que as latas amassadas e o derramamento causariam – bem, a Coca não quis nem pensar no assunto. O projeto foi adiado e depois abandonado.

Dali em diante, as latas de Coca ficaram destinadas a compartilhar seu formato com todos os outros refrigerantes do mercado, com apenas o vermelho clássico da empresa para distinguir a marca.

A Coca-Cola abandonou o projeto da lata prematuramente? Um ano depois, a Sapporo Breweries, no Japão, conseguiu alcançar o que a Coca tinha tentado por anos ao lançar a primeira lata no formato de garrafa do mundo. O recipiente parte garrafa, parte lata foi desenvolvido pela Daiwa e foi um sucesso instantâneo. O sabor distinto da cerveja Sapporo, junto com o formato único da lata, se revelou uma combinação vencedora.

Embora os grupos focais da *Brand Sense* tenham confirmado que a Coca ainda reina soberana em reconhecimento de formato nos países que vendem a Coca em garrafa, essa foi a primeira vez que a Coca perdeu sua vantagem para outra marca. Mas, desde o começo dos anos 90, a Coca-Cola tem visto uma erosão nas características distintas que eram antes associadas exclusivamente com sua marca.

Um declínio constante

Quando a garrafa de vidro da Coca-Cola foi lançada, com seu formato, tamanho e peso característicos, tornou-se um ícone da noite para o dia. À medida que a empresa adotou uma tecnologia nova e passou a usar garrafas plásticas e latas de alumínio, as associações táteis tão fortemente associadas com o produto erodiram firmemente.

A dispersão da marca não parou na lata. Com o aumento das vendas das misturas posteriores – isto é, quando a bebida é feita de xarope misturado com água gaseificada –, e a marca não era mais servida em um recipiente reconhecível, a Coca não conseguiu ser vista como qualquer coisa além de cola. Além disso, no intuito de assegurar a distribuição massiva nos pontos de revenda nas cadeias de restaurantes, a empresa concordou em ter seu produto servido em copos de papel marcados com o logo do restaurante. O único meio de saber que você está obtendo Coca é se você vir o logo na máquina de que sai o refrigerante. Você bebe o líquido de um copo marcado com os logos do McDonald's, do Burger King, do Wimpy ou da KFC!

Embora haja estatísticas limitadas, a tendência é clara. Estima-se hoje que mais de 99% de toda a Coca vendida nos Estados Unidos é servida em plástico, metal ou papel – só vidro que não. O fato é que a maioria dos consumidores dos Estados Unidos que querem tomar Coca da garrafa clássica têm de fazer um esforço orquestrado para encontrá-la.

De acordo com nossa pesquisa *Brand Sense*, 59% dos consumidores do mundo (e a maioria das crianças, ao menos aquelas que já viram uma) preferem a Coca na garrafa de vidro. Isso inclui 61% dos consumidores dos Estados Unidos e 63% dos britânicos. Apesar dessa evidência, a empresa continua diminuindo sua produção de Coca em garrafas de vidro, reduzindo um dos ativos mais importantes da empresa. Essas estatísticas da pesquisa *Brand Sense* confirmam que o toque distinto da Coca-Cola está escorregando pelos dedos da empresa. O que apareceu no estudo é que, nos países onde a garrafa de vidro foi substituída pela de plástico, a vantagem tátil da Coca deixou de existir.

Já faz algum tempo que a Coca vem sofrendo. Nosso estudo global mostra de forma conclusiva que sua maior concorrente, a Pepsi, está ganhando vantagem no tato. No seu mercado de origem, 60% dos consumidores estadunidenses declararam que a Pepsi representa a sensação tátil mais forte. Em contraste, apenas 55% dos consumidores entrevistados acreditam que a Coca-Cola se diferenciava. Embora se deva levar em consideração alguma incerteza estatística, para a Coca isso são incríveis cinco pontos percentuais a menos que sua inimiga de um século de idade. Surgiu uma imagem semelhante quando perguntamos aos consumidores dos Estados Unidos como as duas rivais se saíam em relação à sensação física. A Coca liderou por apenas 6%, alcançando 46% sobre os 40% da Pepsi.

Tudo isso levou a Coca a substituir muitas pessoas da equipe e começar a focar na importância da sensação tátil. Hoje, cinco anos após a Coca ter naufragado no experimento da *Brand Sense*, a empresa reencontrou seu caminho. Embora a clássica garrafa de vidro da Coca-Cola tenha desaparecido da maioria dos supermercados, ela ainda reaparece em feriados sazonais importantes, relembrando os consumidores da propriedade da marca sobre o que é provavelmente a garrafa mais reconhecível do mundo. Funcionou? Totalmente. Hoje, a imensa maioria dos consumidores afirma que a Coca tem melhor sabor quando bebida da garrafa do que da lata. O que é irônico, considerando a alta probabilidade de que muitos desses consumidores nunca tenham visto uma Coca em garrafa de vidro na vida.

Estará a Coca preparada para a batalha final?

No mercado mundial, a garrafa de vidro da Coca está muito mais viva e ainda menosprezando um pouco o bem planejado processo de substituição. Onde quer que a garrafa ainda seja vendida, a Coca emerge como a clara líder tátil no mercado de refrigerantes. Na Europa, 58% dos consumidores em nossa pesquisa declararam que ainda percebem a sensação tátil única quando estão bebendo Coca-Cola, em contraste com os 54% da Pepsi.

Uma batalha semelhante, embora mais apertada, está ocorrendo no Japão, onde a maioria das bebidas são vendidas em garrafas de vidro. Em nossas sessões de grupo ao redor do mundo, percebemos que os consumidores na Espanha, Polônia, Reino Unido, Dinamarca, África do Sul, Alemanha, Índia e Tailândia conseguiram descrever precisamente a sensação tátil da garrafa de vidro da Coca. Esse ponto de contato único não existe mais nos Estados Unidos. A ironia disso é que essa perda poderia ter sido evitada com facilidade. Infelizmente, essa falha está fadada a ser repetida quando o plano de substituição da garrafa da Coca for expandido para o mercado internacional.

Tudo isso não é apenas uma historinha de alerta sobre como a Coca-Cola esteve próxima de perder sua firmeza tátil, mas uma história sobre como a eficiência econômica na produção e distribuição é capaz de diminuir consistentemente a aparência e a sensação do produto. Além disso, a dificuldade de manter qualidade nas máquinas de refrigerante ao redor do globo tem enfraquecido ainda mais o sabor característico do produto. Tudo isso resulta em uma marca consistentemente mais fraca ao redor de não apenas três, mas todos os quatro sentidos. Esse declínio está se revelando letal para a marca.

O TESTE DO FARO

> O olfato é um mago potente que nos transporta por milhares de quilômetros e por toda a nossa vida.
>
> Helen Keller

O cheiro de uma rosa, de grama recém-cortada, naftalina, vinagre, hortelã, serragem, argila, liláses, biscoitos recém-assados... nosso sistema olfativo consegue identificar uma lista interminável de cheiros que nos rodeiam diariamente. Os cheiros evocam imagens, sensações, memórias e associações. Afetam-nos substancialmente mais do que estamos conscientes. Subestimamos a importância dele para nosso bem-estar. O olfato é também a parte mais antiga do cérebro. Ele desempenhou papel vital em nossa sobrevivência como seres humanos, alertando-nos para perigos distantes, como o fogo. Por meio do senso olfativo, os animais instintivamente sabem como se reproduzir, encontrar sua presa e evitar perigo.

O olfato também pode alterar nosso ânimo. Resultados de testes mostraram uma melhora de 40% em nosso ânimo quando somos expostos a fragrâncias agradáveis – particularmente se a fragrância nos conduzir a uma lembrança alegre.[13]

Existem cerca de 100 mil odores no mundo – mil deles classificados como odores primários, sem falar nas inúmeras combinações de odores múltiplos. Cada odor primário tem o potencial de influenciar o ânimo e o comportamento. Cada pessoa percebe odores de forma diferente, visto que tantos outros fatores entram em jogo – incluindo idade, raça, e gênero, para mencionar apenas algumas variáveis.

As preferências do olfato humano têm mudado ao longo do tempo. Em um estudo publicado em 1992 pela Smell and Taste Treatment and Research Foundation, o neurologista Alan R. Hirsch pediu a cerca de mil consumidores adultos escolhidos aleatoriamente para identificar cheiros que traziam momentos de nostalgia. O que ele descobriu foi que havia uma divisão entre aqueles nascidos antes de 1930 e os nascidos depois. As pessoas nascidas antes de 1930 citaram cheiros naturais – por exemplo, pinho, feno, cavalos e prados. As pessoas nascidas após 1930 eram mais propensos a mencionar cheiros artificiais como Play-Doh, canetas marca-texto e talco de bebê. O ano 1960 se revelou ser outro divisor de águas para o cheiro de grama recém-cortada. Aqueles nascidos antes da data gostavam, enquanto aqueles nascidos depois o associavam com a "desagradável necessidade de ter que cortar a grama".[14]

No Capítulo 2, estabelecemos que praticamente todo mundo gosta do cheiro novo de carro, mas o que surgiu na pesquisa *Brand Sense* é que algumas culturas são mais afetadas por aromas do que outras. Oitenta e seis por cento dos consumidores nos Estados Unidos acha o cheiro de carro novo cativante, enquanto apenas 69% dos europeus pensam da mesma forma. O *branding* de carros ultrapassou a ideia do *design* estiloso e dos motores poderosos para tornar o carro uma experiência multissensorial.

Eau de Rolls-Royce

Foram gastas centenas de milhares de dólares no desenvolvimento do cheiro característico do Rolls-Royce Silver Cloud, de 1965. É impossível comprar o cheiro! Ainda assim, tem sido um componente essencial em manter uma das primeiras marcas de luxo do mundo. Eu o considero uma pequena obra-prima do *branding* sensorial.

Quando a Rolls-Royce começou a receber reclamações porque os novos modelos não estavam à altura dos predecessores famosos, a empresa imaginou que a única diferença entre os novos modelos e os antigos (além das óbvias) era a fragrância.

O interior dos "Rollers" antigos cheirava a substâncias naturais como madeira, couro, juta e algodão. Os modernos regulamentos técnicos e de segurança de construção mostravam que a maioria desses materiais estavam obsoletos, sendo substituídos por espumas e plásticos. A única maneira de um Rolls-Royce capturar aquela essência era imitando-a artificialmente. Usando um Silver Cloude 1965 como referência, a equipe começou uma análise detalhada do aroma, identificando os odores individuais. Eles criaram um modelo químico da essência. Ao total, foram identificados 800 elementos separados. Alguns eram esperados, como mogno e couro, mas outros, como óleo, petróleo, feltro e o revestimento inferior de automóvel, surpreenderam muito.

Com essa análise na mão, a Rolls-Royce remanufaturou o cheiro. Agora, antes de cada Rolls-Royce novo sair da fábrica, o cheiro único do Rolls-Royce é adicionado embaixo dos assentos do carro para recriar o cheiro de um clássico "Roller". A Cadillac foi longe o suficiente para lançar sua própria essência assinatura. Celebrando o centésimo aniversário do carro, a nova fragrância para homens da Cadillac combina a mistura de toranja, camomila, gerânio, estragão e canela, uma fragrância planejada para capturar "a vida, a liberdade e a busca" – em vez de remeter ao seu avô se arrastando pela cidade em um carro grande demais que faz cinco quilômetros por litro. [15]

Essencialmente, essa história ilustra a importância de manter a percepção, muitas vezes sem estar ciente do que a percepção é na verdade.

Eau de carro

A Cadillac trabalha com a mesma dedicação que a Rolls-Royce para assegurar uma base de fãs leais. A General Motors está se certificando de que nada que um comprador potencial toque, ouça ou cheire seja por acaso. O cheiro de carro novo do Cadillac, aquela essência etérea de frescor de fábrica, é, na verdade, o resultado de engenharia personalizada. Em 2003, a empresa lançou uma essência especial processada no interior dos assentos de couro do Cadillac. O perfume (semidoce, semissubliminar) foi criado em laboratório, escolhido por grupos focais, e agora faz parte de cada novo Cadillac que sai da linha de montagem. Tem até um nome: Nuance.

Por anos, o couro usado nos carros de luxo era curtido, processado e colorido no intuito de neutralizar o cheiro natural. Em seguida, aromas industriais eram injetados no produto. Hoje um processo chamado "recurtimento" repõe os óleos aromatizados dentro do couro. Pesquisas mostram que nossas preferências olfativas mudaram ao longo dos anos. Acredite ou não, nós agora preferimos o cheiro de couro artificial ao couro real – e os fabricantes de carro estão respondendo, fazendo grandes esforços para satisfazer as demandas dos consumidores.

Isso leva o *branding* a um nível inteiramente novo! A Ford, por exemplo, tem um aroma de marca específico, utilizado desde o ano 2000. Como a Ford, a Chrysler usa uma única fragrância para todos os seus carros. Outros fabricantes usam cheiros diferentes para modelos diferentes, uma estratégia de *marketing* que rende frutos. De acordo com a pesquisa *Brand Sense*, 27% dos consumidores nos Estados Unidos acreditam que os veículos da Ford têm um cheiro diferenciado, enquanto apenas 22% conseguem afirmar o mesmo a respeito da Toyota. Uma tendência ainda mais drástica ocorre na Europa, onde 34% consideram o cheiro da Ford diferente das demais – em contraste com apenas 23% que afirmam o mesmo sobre a Toyota.

Desde que o Dr. H. A. Roth realizou seus testes simples, porém poderosos, de cor e sabor, em 1988, as empresas vêm tentando desenvolver ferramentas para assegurar uma forte conexão entre as percepções do consumidor e as realidades sensoriais. E a evidência é alarmante. Vamos usar os *shopping centers* como exemplo. Foi realizada uma pesquisa em um *shopping*, cujo objetivo era avaliar o impacto da fragrância nas compras do consumidor. Uma essência cítrica era periodicamente borrifada no ar, e os consumidores eram entrevistados informalmente assim que deixavam a loja. Os resultados mostraram que os compradores mais jovens gastavam significativamente mais tempo no *shopping* durante esses momentos que o cheiro ambiente era borrifado.[16]

Muitos dos hotéis da cadeia Le Méridien, da Starwood, hoje exalam uma fragrância de livros velhos e pergaminhos. As máquinas de cheiro estão bem no *hall* de entrada, embora visíveis apenas para os convidados mais atentos. Seu objetivo? Colocar os visitantes em um quadro mental que esteja em sintonia com o posicionamento do hotel como destino para os hóspedes que buscam novas perspectivas culturais e vislumbres da história – ainda que estejam situados em uma cadeia de hotéis supermoderna como a Le Méridien.[17] Mas isso é só o começo. Em um aeroporto no Reino Unido, o aroma de biscoitos assados de gotas de chocolate flutua pela área de retirada de bagagem. No aeroporto Farnborough, em Londres, que em geral hospeda jatos particulares e passageiros célebres, um cheiro tentador de chá verde e capim-limão saúda os recém-chegados. A fabricante de brinquedos Hasbro acabou de apresentar a Smellaroos, que injeta cheiros nos quebra-cabeças infantis. Existe até quebra-cabeças com cheiro de velas aromáticas.

Ainda assim, poucos podem se comparar a um evento que os amantes de concertos da Polônia experimentaram durante uma produção de 2008 da Artur Rubinstein Philharmonic Orchestra, em Lodz. O prédio inteiro foi coberto com a fragrância de rosas. E mais: as fragrâncias mudavam de acordo com o que estava ocorrendo no palco, variando de celestiais a delicadas durante os momentos românticos, a secas e quase sufocantes durante os momentos de perigo ou abandono. O objetivo era envolver o público de uma forma completamente sensual e inteiramente revolucionária para que pudessem, literalmente, inalar o que estavam assistindo.[18] Essa extravagância multissensorial coincidiu com a estreia em 2009, da "essência de ópera" do *designer* francês Christophe Laudamiel no Guggenheim Museum em Nova York – uma peça de arte performática desenvolvida durante cinco anos que aliava música com uma sequência de fragrâncias orquestradas artisticamente. [19]

Mas espere até sentir uma baforada do que o futuro aguarda. Uma empresa chamada Trisenx desenvolveu um produto conhecido como o *Scent Dome*, um acréscimo ao computador caseiro, que pode liberar aromas *on-line* por meio da internet. O *Scent Dome* abriga uma enorme variedade de fragrâncias, que podem ser liberadas por meio de um mecanismo de pulso elétrico. Imagine mandar ao homem ou mulher dos seus sonhos o aroma de flores recém-colhidas, ou de chocolates. Em conjunto com duas empresas líderes (a Firmenich e a ScentSational Technologies), foi lançada a AquaScents, uma linha de águas potáveis engarrafadas que dá aos consumidores a experiência de cheirar limões frescos ou pêssegos quando destampam a garrafa (além de não ter nenhuma caloria ou conservante). A ScentSational também está desenvolvendo tecnologia de liberação de aroma para injetar fragrâncias nas embalagens plásticas – que poderia algum dia incluir tampas perfumadas para realçar o copo descartável de café recém-moído que você bebe no caminho até o trabalho.

PROVE... E CHEIRE

> Olfato e paladar são, na verdade, um único sentido composto, cujo laboratório é a boca e a chaminé é o nariz...
>
> Jean-Antheleme Brillat-Savarin

O paladar e o olfato, que estão intimamente interconectados, são conhecidos como "os sentidos químicos", visto que ambos conseguem testar o ambiente.

Muitos estudos indicam que, com frequência, comemos com o nariz, o que é outra maneira de dizer que, se a comida passa pelo teste do olfato, provavelmente vai passar no teste do paladar. Em nosso levantamento da *Brand Sense*, quando questionados sobre o cheiro e o sabor da comida do McDonald's, os consumidores tinham a tendência de reagir positivamente ao cheiro e ao sabor, ou negativamente a ambos. Eles não odiavam o cheiro e amavam a comida, nem vice-versa.

É possível tirar vantagem do aroma sem incluir o paladar. Contudo, o paladar sem o cheiro é praticamente impossível. O paladar está intimamente relacionado ao olfato, mas também está intimamente relacionado à cor e ao formato. Basta olhar a linguagem dos *chefs*, que falam sobre conservar a cor natural. Nós, consumidores, associamos certas cores com certos sabores: vermelho e laranja são doces; verde e amarelo são amargos; branco tende a ser salgado.[20]

O uso do paladar para apoiar produtos é, por sua própria natureza, extremamente limitado. Apesar disso, existem ainda oportunidades inexploradas que poderiam ser aproveitadas. Mesmo os mais óbvios produtos do "paladar" (por exemplo, no ramo dos cremes dentais) não conseguiram até aqui fazer uso dessa oportunidade. Como perguntei antes sobre a Colgate, não poderia o cheiro e o sabor das marcas de pasta de dente mais importantes ser estendidos para incluir fios-dentais, escovas de dente e palitos de dente? Atualmente, a única sinergia vista nesse departamento é, com poucas exceções, o uso do nome da marca e das cores da corporação.

Para além das óbvias barreiras físicas que limitam as empresas a tirar vantagem do paladar, a falecida autora Susan Sontag descreveu a natureza indefinível desse sentido: "O paladar não tem sistema e não tem evidências". O olfato trabalha a longas distâncias, enquanto o paladar simplesmente não consegue. Nossas emoções podem ser acionadas por uma vaga brisa de uma fragrância muito antiga. Uma naftalina pode conjurar sentimentos afetuosos pelos avós; o cheiro de óleo de motor pode levá-lo de volta para quando você estava ajudando seu pai a consertar o carro da família.

Essas associações com o passado são chamadas de fenômeno Proust e levam esse nome em razão de Marcel Proust, o grande romancista francês famoso por suas memórias no começo do século XX. O fenômeno Proust está sendo cada vez mais acionado por cheiros de marca. Em pesquisas antigas, um grande grupo (80% masculino e 90% feminino) informou ter memórias vívidas e evocadas por odor que acionavam respostas emocionais. Em 1987, a *National Geographic* entrevistou 1,5 milhão de leitores e os questionou sobre meia dúzia de odores. Gilbert e Wysocki se referiram a um subgrupo de 26 pessoas dentro dessa mesma pesquisa. Metade dos que tinham 40 anos de idade ou mais podiam conectar uma memória a pelo menos um de seis odores. As memórias eram lembradas como resposta a odores agradáveis e desagradáveis, particularmente se os odores eram intensos e familiares. O Dr. Trygg Engen, da Brown University, realizou estudos que vão de encontro às descobertas anteriores sobre a predominância da visão, e conclui que nossa capacidade de recordar essências e odores é muito maior do que nossa capacidade de recordar o que vimos".[21]

É óbvio que olfato, tato e paladar são especialmente importantes na linguagem do amor. Tocar e "saborear" outra pessoa atinge nosso "eu" mais interior, e assim a espécie se propaga. Na verdade, já foi mostrado que extratos do suor masculino podem afetar a regularidade do ciclo menstrual feminino.

Pieter Aarts e J. Stephan Jellinek são psicólogos que estudaram a forma como os pensamentos, julgamentos e comportamento das pessoas são moldados pelo odor de forma subconsciente. Eles chamam isso de Memória do Odor Implícito.²² Suas descobertas apoiam a premissa de que a fragrância é um fator decisivo quando um consumidor compra, coleciona ou usa um produto. Podemos concluir, então, que o odor desempenha um papel muito importante na aceitação dos consumidores a uma marca. O aroma está se tornando cada vez mais um adicional de marca altamente eficaz. O poder visual se dissipou em um mundo que bombardeia os consumidores com imagens dia e noite. As pessoas estão se tornando habilidosas em ignorar o caos visual usando o "pisca-pisca". Devido a essa superexposição, a atenção a mensagens visuais vem diminuindo naturalmente.

Foram colocados dois pares idênticos de tênis de corrida Nike em duas salas separadas, embora idênticas. Uma delas havia sido borrifada com um cheiro floral misto. A outra não. Os sujeitos do teste inspecionaram os sapatos em cada sala antes de responder a um questionário. Os consumidores (por uma margem surpreendente de 84%) preferiram os tênis dispostos na sala com a fragrância. E mais, esses consumidores estimaram que o preço dos tênis "perfumados" era, em média, US$ 10,33 mais alto do que o par da sala sem cheiro.²³

Outro experimento foi realizado no Harrah's, um cassino em Las Vegas. Os donos separaram uma área do cassino e nela puseram um odor agradável. Nas semanas seguintes, a receita das máquinas foi comparada aos ganhos da zona sem cheiro. As receitas da área perfumada foram 45% maiores do que aquela das áreas sem cheiro. Compreensivelmente, nos últimos anos o cassino Harrah's gastou centenas de dólares para ver se um ar mais fresco, corredores mais amplos e encostos para as costas podia aumentar as apostas – e hoje a maioria dos cassinos de Las Vegas, incluindo o Bellagio, o The Venetian e o Mandalay Bay usam estratégias semelhantes.

O Hilton de Las Vegas foi bem longe: lançou um perfume fabricado por Alan Hirsch, neurologista de Chicago. A fragrância, conhecida como Odorant 1, foi colocada em um poço de caça-níqueis e o aumento nas receitas foi comparável ao do experimento do Harrah's.

A capacidade de uma marca de incluir aromas como parte de uma experiência sensorial naturalmente depende do tipo de negócio de que estamos falando. Mas, seja qual for a linha comercial, há um aumento constante no uso de cheiros para as marcas enquanto conversamos.

Olfato e supermercados

Por todo o mundo, as pessoas e as empresas estão se dando conta do poder do cheiro. Como o dono do cinema que mencionei antes, um vendedor de pipoca qualquer da Disney World tem um maravilhoso conhecimento de como o cheiro afeta seu negócio. Ele sabe que, quando as vendas estão baixas, tudo o que ele precisa fazer é ligar o cheiro artificial de pipoca e, em um instante, estará com uma fila de espera na frente do carrinho. A Woolworth's, no Reino Unido, também sabe disso. Aproveitando-se da estação de férias, 20 lojas da rede lançaram o cheiro de vinho quente e janta de Natal. A WH Smith, a maior cadeia de jornais e revistas da Europa, também apostou no Natal e lançou o cheiro de pinho.

A Victoria's Secret tem uma combinação própria em seu *potpourri*, conferindo à sua *lingerie* um perfume instantaneamente reconhecível. A Superdrug usou odor de chocolate em uma loja do centro de Londres, no Dia dos Namorados. O metrô de Londres encheu as plataformas mais frequentadas com um cheiro refrescante chamado Madeline, esperando que isso acrescentasse um toque de alegria aos 3 milhões de passageiros, sem falar em lhes oferecer alguns momentos de descanso de alguns companheiros de viagem menos higiênicos.

Diversas cadeias de lojas estão começando a lançar aromas de marca. A Thomas Pink, também conhecida como Pink, uma loja britânica especializada em camisetas de qualidade, instalou sensores nas lojas, que emitem um cheiro de algodão recém-lavado. A resposta? Inacreditavelmente positiva.

O futuro das marcas não está ligado apenas a criar novos apelos sensoriais, mas a identificar os ativos sensoriais já existentes. A Crayola é uma das muitas empresas que começou a patentear seus odores típicos, começando com os gizes de cera, seu produto principal, que sem dúvida deixou seu odor impresso nas memórias de milhões de crianças que desenharam com eles. Basta perguntar aos adolescentes do *Today Show*, que reconheceram o cheiro quase instantaneamente!

A empresa suíça de sabor e fragrância Firmenich, uma das maiores empresas do mundo de aroma e sabor, farejou a direção para onde as marcas estão indo. Em vez de seguir os processos normais de desenvolvimento de aroma e sabor, a empresa decidiu deixar a marca se tornar a peça central de seu próprio desenvolvimento. A jogada indica o início de uma tendência de fabricação na indústria do sabor e fragrância. Ao virar de cabeça para baixo o processo de desenvolvimento científico, a empresa agora garante que os valores da marca vão controlar o sinal que seus produtos transmitem.

Analisando o quadro completo, as empresas podem tirar vantagem de cada sentido humano para construir uma marca melhor, mais forte e mais durável. A estrada adiante não é necessariamente fácil. Muitos desafios estão esperando na esquina. É necessário identificar as assinaturas sensoriais que caracterizam a marca, e é vital que nós, como consumidores, nos sintamos confortáveis com marcas sensoriais. Como disse, não será fácil – mas é possível, e a perspectiva é muito emocionante.

Destaques

Os profissionais do *marketing* tem operado em grande medida em um mundo visual e auditivo, apenas ocasionalmente se aventurando em um universo mais amplo no qual fazem uso dos cinco sentidos. Os consumidores estão cada vez mais expressando o desejo de uma aproximação completamente sensorial. Da mesma população de amostra entrevistada na pesquisa *Brand Sense*, 37% listaram a visão como o mais importante sentido para avaliar nosso ambiente. Depois vieram 23% que apontavam o olfato. O tato emplacou o lugar mais baixo da escala. Geralmente, as estatísticas nos mostram um diferencial muito pequeno no que diz respeito a uma avaliação do tipo "sentido por sentido", levando-nos a concluir que os cinco sentidos são extremamente importantes em qualquer forma de comunicação e experiência de vida.

Som

Ouvir é uma atitude passiva; escutar é uma atitude ativa. O som de uma marca deveria mirar tanto em quem ouve quanto em quem escuta, considerando que ambos são importantes para influenciar o comportamento do consumidor. Enquanto ouvir envolve receber informações auditivas pelos ouvidos, escutar se apoia na capacidade de filtrar, focar seletivamente, lembrar e reagir ao som. Muitos elementos do nosso cotidiano são claramente associados com sons. Se não escutamos, não damos atenção. O som de uma marca acrescenta qualidade e função à percepção do produto. Se for removido, a percepção diminui. É de extrema importância aferir o papel do som gerado pelo produto, pois cada vez mais os consumidores estão se tornando cientes (e críticos) desse fenômeno.

Visão

Até pouco tempo, a visão era tida como o mais poderoso dos cinco sentidos; contudo, pesquisas indicam que isso talvez não seja mais verdade. Qualquer que seja o caso, não há como fugir do fato de que um *design* característico vai de mãos dadas com marcas características, e as marcas bem-sucedidas são, por sua própria natureza, passíveis de desconstrução visual. As empresas farmacêuticas fazem comprimidos e cápsulas em todos os formatos, tamanhos e cores, cada um visando a diferenciar o produto, transmitir uma "sensação" emocional e conquistar a lealdade do consumidor. A indústria automobilística é outra categoria na qual o formato desempenha um papel vital. Em muitos modelos, o formato se tornou sua característica definidora.

Paladar e olfato

Intimamente interligados, o olfato e o paladar são conhecidos como os sentidos químicos, visto serem ambos capazes de testar o ambiente. Os cheiros nos afetam muito mais do que imaginamos. Testes mostraram uma melhoria de 40% em nosso humor quando somos expostos a uma fragrância agradável – particularmente quando a fragrância nos desperta boas lembranças.

NOTAS

1. Discovery Communications Inc., 2000.
2. BRANDchild conduzido por Millward Brown, 2002.
3. Ronald E. Millman (1985), "The influence of background music on the behaviour of restaurant patrons", *Journal of Consumer Research*, vol. 13.
4. Judy I. Alpert and Mark I. Alpert (1988), "Background music as an influence in consumer mood and advertising responses", em Thomas K. Scrull (ed.), *Advances in Consumer Research*, 16, pp. 485–91.
5. Kevin Ferguson, "Coin-free slot jackpots? Unclinkable!" em http://www.reviewjournal.com/lvrj_home/2000/Aug-28-Mon-2000/business/14239785.html.
6. http://news.moneycentral.msn.com/ticker/article.aspx?symbol=US:HOT&feed=BW&date=20090924&id=10421787.
7. http://www.walletpop.com/blog/2009/07/27/nissan-knows-youre-sleepy-sends-a-scent-to-keep-you-alert/.
8. Richard E. Peck (2001), "Bill Gates bite of the Big Apple", em www.ltn-archive.hotresponse.com/december01/.
9. Diane M. Szaflarski, "How we see: The first steps of human vision" em www.accessexcellence.org/AE/AEC/CC/vision_background.html.
10. Sarah Ellison e Erin White (2000), "Sensory marketeers say the way to reach shoppers is by the nose", *Financial Express*, 27 November.

11. www.hersheypa.com/index.html.
12. Ken Leach, *Perfume Presentation: 100 Years of Artistry,* citado em www.wpbs.com.
13. Warren e Warrenburg (1993), "Effects of Smell on Emotions", *Journal of Experimental Psychology,* 113 (4): 394-409.
14. Amanda Gardner (2003), "Odors Conjure Up Awful 9/11 Memories", em www.healthfinder.gov/news/newsstory.asp?docID=513682.
15. http://www.luxematic.com/?p=1081.
16. http://eab.sagepub.com/egi/content/abstract/41/2/258.
17. http://www.neurosciencemarketing.com/blog/articles/sensory-branding-at-le-meridien.htm.
18. http://www.scentmarketing.org/doc/8newsletter.pdf.
19. http://online.wsj.com/article/SB12427777733367437141.html.
20. Christopher Koch e Eric C. Koch (2003), "Preconceptions of taste based on color", *Journal of Psychology,* May, pp. 233-42.
21. Trygg Engen, "Benefits of fragrances", Olfactory Research Funds, New York, p. 5.
22. J. Stephan Jellinek (2003), "The underestimated power of implicit fragrance research" e Pieter Aarts, "Fragrances with real impact", trabalhos apresentados no Fragrance Research Conference, Lausanne, 16-18 March.
23. www.theecologist.org/archive_article.html?article=342&category=33.

5
ESTAR VIVO

Quando o National Australian Bank, um dos maiores bancos do mundo, lançou a primeira versão de seu *site*, era necessário esperar cerca de um minuto inteiro para abri-lo. Como muitos outros bancos, o NAB era conhecido por longas filas nos caixas. Uma pesquisa procurou conhecer as impressões gerais dos visitantes sobre o novo *site*. Embora não houvesse relação direta entre as longas filas do banco com o longo tempo de espera do carregamento do *site*, os consumidores viam o *site* como mais um enigma da demora causada pelo banco. A pesquisa trouxe à tona comentários na linha de que o banco havia conseguido fazer no espaço virtual o que já fazia em suas agências – manter as pessoas esperando.

A percepção de marca dos consumidores tem tanto valor quanto a realidade. Seja a comparação do consumidor entre o longo tempo de espera na internet com as longas filas nas agências, seja a impressão de que o vinho tem melhor sabor vedado com uma rolha, seja a percepção de que o deslizar de um Rolls-Royce é mais suave quando tem cheiro de couro, é essencial que os pontos de contato da marca sejam mantidos vivos. Esses pontos de contato devem ser mantidos e realçados, visto que são eles que dão à marca sua identidade única.

Descartar os valiosos pontos de contato sensoriais fará a marca declinar.

Lembre-se: a mensagem é realçada ao apelar a diversos sentidos, pois terá chances muito maiores de romper os obstáculos. A pesquisa *Brand Sense* confirma que, quanto mais positiva for a relação estabelecida entre nossos sentidos, mais forte será a conexão entre o emissor e receptor. É simples assim.

Uma foto fabulosa de uma maçã recém-colhida, brilhando com o orvalho da manhã, pode instigar alguém, mas apenas da maneira mais abstrata. Porém, se um consumidor puder cheirá-la, e escutá-la sendo cortada, talvez isso o convença a comprar um saco de maçãs. Acrescente a isso uma textura que talvez vá deixar até você com água na boca, e você certamente estaria muito mais inclinado a comprá-la. Por mais irônico que isso soe hoje, esse fenômeno raramente acontece. Estudei literalmente centenas de comerciais de TV nos últimos anos, e posso dizer que vem ocorrendo o exato oposto. Os anúncios de televisão para as cadeias de *fast-food* nunca nos fazem escutar o chiado de comida sendo cozida, os anúncios das empresas de refrigerantes eliminam o tinido dos cubos de gelo, ou o estalo da tampa sendo aberta; os anúncios de café raramente nos deixam escutar, se é que o fazem, os grãos fermentando ou a espuma subindo na máquina de expresso. Por quê? Porque os executivos acreditam que a TV contemporânea é 100% racional. Não há necessidade, acreditam eles, de tocar essa ou aquela música-tema outra vez, mesmo que seja só um chiado ou estalo. Não sei quanto a você, mas, mesmo tendo trabalhado muito para empresas de *fast-food* e de refrigerantes, ainda fico ansioso quando escuto esses sons. E a ânsia leva ao desejo... que leva a uma venda. Goste ou não, nossos sentidos estão conectados para nos seduzir – ainda assim, a maioria das marcas acredita que o estímulo sensorial é uma coisa do passado.

Como venho insistindo em dizer, o *branding* tem tudo a ver com estabelecer ligações emocionais entre a marca e o consumidor. Como em qualquer relacionamento, as emoções são baseadas em dados que recolhemos com os cinco sentidos. As agências virtuais de namoro são uma das operações financeiras mais bem sucedidas da internet. Você começa com uma foto, depois escuta uma voz... e, caso ambas transmitam impressões positivas, talvez você seja persuadido a, na verdade, "conversar com a fotografia" do outro lado da linha telefônica. Todas as pistas podem estar apontando na direção correta, mas, a menos que haja uma presença física, você jamais saberá se quer mesmo um segundo encontro. Precisamos de todos os sentidos para avaliar nossas escolhas por completo.

Com as marcas, não é diferente. Até agora, a comunicação tem sido confinada ao modelo visual e auditivo, com um ocasional dispositivo para "esfregar e cheirar" acrescentado a um anúncio de perfume qualquer. Mas as marcas não deveriam hesitar em se aventurar no mundo do paladar, tato e olfato. De novo, por quê? Porque o próprio objetivo do *branding* sensorial é garantir a integração dos cinco sentidos em todas as decisões de compra.

CERCADO PELOS SENTIDOS

Imagine isto: você está passeando em uma cidade em um dia de verão. O ar está quente, o tráfego está congestionado, a fumaça dos exaustores está pairando no ar e então na quadra em frente você enxerga uma sorveteria. Ao se aproximar, um cheiro de casquinha de sorvete recém-saída do forno chega até você. Sem um pensamento consciente, você se vê atraído até a loja ou ao vendedor de rua. O sorvete lhe parece o antídoto perfeito contra o calor e o tráfego. Quando se dá conta, você está seguindo sua jornada com uma deliciosa casquinha de sorvete gelado na mão.

O *branding* sensorial™ tem por objetivo estimular o relacionamento com a marca. Pode-se dizer que ele desperta nosso interesse, amplia nosso comportamento impulsivo de compra e permite que as respostas emocionais dominem o pensamento racional.

Podem ocorrer duas séries de estímulos – os com marca e os sem marca. Aquele aroma de sorveteria poderia ter pertencido a um grande número de produtos. Mas uma combinação de aroma e sinalização na loja ajuda a criar uma associação de marca com um produto específico. Uma associação que, de novo, pode surgir espontaneamente da próxima vez que você estiver na rua caminhando no calor. O que começou como uma experiência sem marca está propenso a se transformar em uma experiência de marca.

Um estímulo de marca não apenas motiva o comportamento impulsivo de compras, mas também conecta as emoções diretamente à marca. Certo, vamos imaginar que é outro dia abafado. Você está sentado do lado de fora de um restaurante em frente a um copo com gelo e uma fatia de limão, e escuta o som sibilante de uma bebida aberta servida no copo. Você provavelmente pensou na Coca. Porque 78% dos entrevistados têm associações positivas com o som borbulhante da abertura de uma lata (ou garrafa) de Coca. O fato é que esse som característico da Coca-Cola tem associações semelhantes no mundo inteiro.

Na Escandinávia, uma empresa de entregas de sorvete elevou a analogia do cachorro de Pavlov mencionada antes a um novo patamar. Uma pequena camionete azul percorre toda a vizinhança tocando um sino. Após quase 30 anos dirigindo pela vizinhança, 50% da população associa o som com sorvete – não apenas qualquer sorvete, mas mais especificamente com o sorvete da Hjem-Is. Uma vez, quando estava sentado em meu carro alugado nas Filipinas, percebi que surgia um sorriso, de súbito, no rosto das pessoas quando elas se davam conta daquele som – um sorriso, devo dizer, totalmente ausente quando elas viam os logos de doces ou refrigerantes locais. O som em si é propriedade da Nestlé, e as pequenas bicicletas azuis e brancas que saem por aí vendendo o sorvete da Nestlé têm sido parte da cena em Manila por mais de 30 anos.

Alcançar um estímulo de marca é um dos aspectos mais difíceis de estabelecer em um relacionamento sensorial. Não é intuitivo, e leva tempo para formá-lo. Requer constante reforço entre a necessidade do consumidor e uma marca específica. Estímulos de marca criam lealdade a longo prazo. Os estímulos sem marca criam padrões comportamentais impulsivos.

REALCE

Assim como um holograma nos permite ver a mesma figura por diferentes ângulos, o *branding* sensorial permite que os consumidores vejam diferentes dimensões de uma única marca. Philippe Starck é um *designer* francês que se dedicou a várias coisas, de papel higiênico a interiores de hotel, sapatos Puma e o último *mouse* óptico da Microsoft. Por mais diverso e até mesmo excêntrico que esse conjunto seja, cada item redefine a aparência tradicional de um bom *design* sem afetar seu funcionamento. Os *designs* de Starck trazem um visual revigorante aos itens do cotidiano, forçando-nos a vê-los de uma forma completamente nova.

Existem dois níveis nos quais funciona o realçamento das marcas – o de marca e o sem marca. As fabricantes de papel higiênico estão acrescentando aromas frescos para realçar a impressão de higiene e qualidade. Essa melhoria quase genérica pode afetar a percepção de qualidade do produto, mas francamente faz muito pouco pela marca. A estratégia mais eficaz, portanto, é criar um realce de marca que, diferentemente de um sem marca, reflita a marca, aumente a distinção e a diferencie de todas as outras na prateleira.

A Texas Instruments desenvolveu um toque exclusivo, específico para as teclas de suas calculadoras – um realce de marca que faz a sensação de uma calculadora Texas Instruments ser completamente diferente de qualquer outra calculadora. Da mesma maneira, os usuários da Apple estão bem acostumados com a tecla funcional da Apple que substitui a tecla "Ctrl" genérica que é tão familiar aos usuários de PC. O nome faz parte da função e se torna parte do processo mental de qualquer usuário Apple. A ação é tanto de marca quanto intuitiva, tornando-a um exemplo ideal de realce de marca.

VINCULE

O objetivo final do *branding* sensorial é criar um vínculo forte, positivo e duradouro entre a marca e o consumidor para que ele volte à marca repetidamente, ao mesmo tempo em que mal nota os produtos concorrentes.

Os *notebooks* ThinkPad da IBM conseguiram criar esse vínculo. Esses *laptops* navegam com um *mouse* TrackPoint. O sistema foi patenteado pela IBM, assegurando a não duplicação por parte de seus concorrentes. O resultado: os usuários do ThinkPad da IBM permanecem leais à marca, enquanto os consumidores que se acostumaram com esse sistema acham muito difícil mudar para um sistema *touch-pad* de navegação.

A navegação é uma das mais poderosas maneiras de uma marca se ligar a um consumidor. Seja um *mouse* TrackPoint da IBM, o menu de um telefone celular da Nokia ou os ícones e a configuração da Apple, depois que se aprende um sistema de navegação, há uma resistência natural a aprender um novo. O processo se tornou intuitivo e a maioria das pessoas é relutante em interromper seu fluxo cotidiano.

O OBJETIVO DO *BRANDING* SENSORIAL

Compromisso emocional

O *branding* sensorial oferece o potencial para criar a mais vinculadora forma de compromisso já vista entre marca e consumidor. O objetivo é construir uma relação muito leal em um longo período de tempo. No intuito de estabelecer esse vínculo, o apelo sensorial deve ter dois ingredientes essenciais: tem de ser característico da marca, assim como habitual. Nem todas as iniciativas sensoriais serão necessariamente capazes de gerar esses altos níveis de lealdade, mas, se a marca mantém o apelo sensorial característico não imitado pelas marcas concorrentes, a lealdade dos consumidores se estabelecerá.

Otimizar a equivalência entre percepção e realidade

Antes de a Carlsberg lançar sua nova garrafa de plástico, ela foi testada inúmeras vezes. Os grupos focais dinamarqueses estavam conscientes da mudança do som da abertura da garrafa. Como resultado das descobertas da empresa, foi estabelecida uma campanha especial para preparar os consumidores para a mudança no som e na sensação tátil.

Um número excessivo de marcas permite uma lacuna extensa demais entre a percepção do consumidor e a realidade do produto. Para estreitar essa lacuna, algumas floristas acrescentam odor de flores recém-colhidas a suas lojas. O código genético da laranja vendida em supermercado foi adulterado para tornar a fruta mais fácil de empacotar, o que transformou o sabor. Os consumidores agora esperam que os sucos de laranja tenham o mesmo sabor que a variedade vendida em supermercado. Uma empresa de sucos que cultiva suas próprias laranjas precisa estar consciente desse sabor "supermercado" e encontrar uma maneira de fazer o suco parecer com ele.

Se a qualidade estiver associada com peso substancial, então é preciso investir no aumento do peso. Se o jeito que a janela automática do carro abaixa não parecer "de qualidade", o som deverá ser alterado. Em todos os casos, a realidade deve ser mudada para chegar mais perto da percepção. O objetivo é que a realidade combine com a percepção dos consumidores, e se possível as exceda.

A importância da extensão do produto

Como as marcas desenvolvem linhas de produtos (como os casacos e jaquetas Marlboro), os vínculos entre eles podem erodir, a menos que seja desenvolvida uma cuidadosa estratégia de marca. Os consumidores conseguem fazer saltos ilógicos na variedade do produto – por exemplo, os tratores Caterpillar e os sapatos Caterpillar. No caso da Caterpillar, assim como o da Gillete, o valor da marca é a "masculinidade". Isso foi traduzido no uso dos materiais – borracha, material, cores e robustez.

Marca Comercial

O desafio que as marcas enfrentarão nesse novo século será sua capacidade de proteger a identidade dos concorrentes. A melhor maneira de fazer isso? Com o *branding* sensorial. Quase todos os aspectos do apelo sensorial de uma marca podem ser comercializados. Os componentes capazes de serem registrados são conhecidos na indústria como a vestimenta da marca. Essa vestimenta engloba o cheiro, o som, o toque, os sabores e o formato de um produto. Cada componente precisa ser distinto. Não estou dizendo que é fácil fazer isso! A Harley Davidson perdeu um caso no tribunal em uma tentativa sem sucesso de proteger seu som específico. No caso, o ponto de contato sensorial pertencia a um tipo de motor sem marca, então, ao menos do ponto de vista legal, a empresa não poderia reivindicar o som como exclusivamente seu.

TRADUÇÃO SENSORIAL

O que torna a marca muito mais bem-sucedida em uma aproximação multissensorial do que em outra? Na maioria dos casos, essas marcas alcançaram isso com uma estratégia bem planejada executada em um longo período de tempo – muitas vezes, por décadas.

Comentamos algumas dessas marcas no Capítulo 2 – o Stefan Floridian Waters, da Singapore Airlines, borrifados nas toalhas quentes distribuídas aos passageiros, a crocância característica dos flocos de milho da Kellogg's ou o telefone estilizado da Bang & Olufsen com seu som e formato únicos.

Qualquer empresa pode construir uma marca sensorial, o que repercute em um diálogo multissensorial com os consumidores.

ESTUDO DE CASO: FERRARI –
ACELERANDO NA NOVA PAISAGEM SENSORIAL

Enquanto as rolhas de champanhe estouravam no Grande Prêmio de Fórmula 1 de 2004, outro modelo da Ferrari levemente diferente estava prestes a deixar a fábrica. As características reconhecíveis do lendário carro de corrida estavam todas lá (o revestimento vermelho brilhante, o cavalo negro saltitante), símbolos que, ao longo de seis décadas, se tornaram sinônimos de inovação, velocidade e sofisticação.

O novo Ferrari 3000 não negou o som também. Especialistas também asseguraram que a velocidade do 3000 fizesse homenagem ao *status* lendário da Ferrari. Certamente, a mística da Ferrari era tangível no dia que esse novo modelo foi mostrado à imprensa mundial. Havia, contudo, um rumor adicional. Essa nova Ferrari não possuía rodas, e seu motor era minúsculo.

Como você deve ter imaginado, esse novo modelo não era um carro de fato, mas um computador. Creditem ao apelo sensorial do fabricante a criação de uma parceria improvável entre a Ferrari e a Acer, fabricante de computadores. Juntas, elas produziram o Ferrari 3000, o primeiro *laptop* totalmente pintado de vermelho Ferrari. Embora tênue, até mesmo bizarra, à primeira vista, a ligação entre as duas marcas altamente divergentes na verdade fez sentido. A Acer forneceu componentes eletrônicos para a equipe de corrida da Ferrari por anos. Naquele ano, a popularidade do *laptop* da Ferrari levou a fábrica italiana da Ferrari a ficar sem estoque da cor vermelha característica. Por quê? Ocorreu que o *laptop* se tornou popular demais!

Ferrari e Acer. É uma aliança de marca certamente inovadora, mas, mais do que isso, é uma combinação intrigante de pontos de contato sensoriais. Além da cor, o *notebook*, como o carro, tinha três demãos de pintura automotiva de alta qualidade, assim como um interior escovado prata. O polimento e a sensação do computador duplicavam o polimento e a sensação do carro.

A mesma sinergia sensorial permanece consistente em todos os produtos eletrônicos da Ferrari. Celebrando o patrocínio da Olympus ao Ferrari Scuderia Formula One Racing Team, a empresa lançou uma câmera digital da Ferrari. Seu corpo é vermelho Ferrari, e foi submetido a cinco verificações de cor separadas no intuito de assegurar a acuidade. As partes de alumínio são todas polidas à mão. A câmera Ferrari 2000 reflete as mesmas linhas finas de um automóvel Ferrari. Os altos padrões das duas empresas estão combinados em uma câmera de alta qualidade que vem em um estojo de veludo com uma alça com *design* personalizado.

A navegação, tanto para a câmera quanto para o *notebook,* está em sincronia com o *design* e a navegação dos últimos modelos de carro Ferrari. O *notebook* também se aproveitou de um ponto de contato adicional – quando você o liga, ele ronca como um motor de carro de corrida. É um som tão potente e característico que os consumidores não tardam a reconhecê-lo, e está integrado brilhantemente em todo o *merchandising* da Ferrari (você pode escutá-lo quando conecta no *site* da Ferrari também).

O Ferrari 3000 é um ótimo exemplo não apenas de como as marcas podem trabalhar juntas para tirar vantagem das forças sensoriais umas das outras, mas de como a diferenciação em um dos mercados mais competitivos pode ser assegurada ao aumentar os pontos de contato sensoriais previamente negados pelo fabricante.

Ao apelar para o sentido tátil através do acabamento típico da pintura da Ferrari, e ao equilibrar o som da velocidade com a cor de marca, a Acer e a Ferrari conseguiram diferenciar seus *notebooks* dos modelos padrão genéricos já existentes. E os consumidores compraram em massa.

Destaques

O *Projeto Brand Sense* confirma que, quanto mais positiva for a sinergia estabelecida entre nossos sentidos, mais forte será a conexão feita entre o emissor e o receptor. Descartar pontos de contato sensoriais valiosos diminui a marca. O objetivo principal de um profissional do *marketing*, portanto, deve garantir que todas as ligações e associações históricas conectadas à marca em questão sejam apoiadas. Se os profissionais do *marketing* não conseguirem isso, correm o risco de perder algumas vantagens competitivas mais fortes de sua marca – e nós, consumidores, vamos embora.

6
MOVENDO MONTANHAS

O dia 14 de janeiro de 2004 foi um marco na vida de um adolescente com o estranho nome de Will Andries Petrus Booye. Deitado de barriga para baixo, ele entegou seu pescoço ao *laser* de um cirurgião plástico. O doutor trabalhou com lentidão, obliterando cuidadosamente o código de barras com as letras G-U-C-C-I tatuado ali – e, pedaço por pedaço, removeu a tatuagem. O processo pode ter sido doloroso, mas também marcou o fim da obsessão de Will com a marca Gucci, que se tornou, nas palavras de Will, "minha única e verdadeira religião".

Conheci o Will no final dos anos 1990, quando sua tatuagem da Gucci era nova. Na época, Will acreditava que havia formado uma relação para a vida toda com a marca. Bem, "para a vida toda" acabou sendo aproximadamente cinco anos. Durante esse tempo, a Gucci se tornou para Will uma "pessoa" com quem ele podia se relacionar, a quem ele admirava, e que o apoiava por 24 horas, até mesmo lhe dando uma identidade mais firme. Ele falava sobre a Gucci como se a marca fosse um membro da família e não um caro produto da moda. Ele poderia falar em detalhes sobre os *designs*, cores e texturas da empresa, assim como o cheiro do ambiente perfumado da Gucci.

Mas, na época em que Will removeu o nome e o código de barras da Gucci do pescoço, ele sentia que a marca estava perdendo a força. O que antes ele percebia como a derradeira marca "feita no paraíso" agora parecia estar enfraquecendo. Will não era o único que pensava assim. A falta de inovação e as campanhas publicitárias datadas da Gucci sofreram um golpe final quando Tom Ford, o *designer* principal da marca, decidiu seguir seu próprio caminho. E mais, o exército estava acenando para Will, oferecendo-lhe uma sensação alternativa de família e amor próprio.

Will resumiu para mim sua experiência com a Gucci um dia. A admiração que ele tinha pela marca era mais forte, disse ele, do que com qualquer outra pessoa que ele conhecia. A Gucci era como sua empresa pessoal privada. Sempre que entrava em uma loja da Gucci, ele literalmente se sentia no paraíso. Tudo na loja o fazia se sentir em casa, descansado, desde a atmosfera de luxo ao *design* da loja e à música tocando no fundo. Além disso, o *status* emprestado da marca fazia Will se sentir um membro exclusivo de uma comunidade de marca distinta. Depois que fez a tatuagem, ele era constantemente abordado por amigos e estranhos, sentindo-se no centro do universo.

Um dia, contudo, Will acordou e descobriu que a mágica havia sumido. Da noite para o dia, a Gucci havia se tornado pouco excitante. Tudo o que havia sobrado era a tatuagem, da qual ele decidiu se livrar.

Se você pensa que a história de Will é um exemplo de uma obsessão extrema, considere David Levine, Christof Koch e Mark Tappert – três homens que vivem a milhares de quilômetros de distância entre si. Há uma distância de 15 anos em suas idades; eles também têm carreiras inteiramente diferentes. David é psicólogo, Christof é professor de sistemas computacionais e neurais, Mark trabalha como *designer* gráfico. Contudo, apesar dessas demografias disparatadas, eles têm uma coisa importante em comum. Tatuaram nos braços direitos uma maçã. Não apenas uma velha maçã qualquer, mas uma maçã com uma clara mordida, uma pequena haste e duas folhas: o símbolo globalmente reconhecido dos computadores da Apple. (A maçã da Apple, devo acrescentar, é provavelmente a tatuagem gravada com maior frequência em todos os entusiastas de marca ao redor do mundo.)

Tatuarem permanentemente o logo da maçã na pele é um sinal da fé inabalável desses três homens na marca Apple. Para eles, a Apple se tornou um vício como a fé e a lealdade que alguém sente pelo time preferido, por um grupo musical ou por uma religião.

O fervor religioso se baseia primeiramente na fé e na crença. Os esportes funcionam da mesma maneira. Correndo o risco de soar grosseiro, hoje é difícil separar fé e crença de grandes negócios. De acordo com uma pesquisa conduzida em 2008, o mercado de publicações e produtos religiosos dos Estados Unidos – que engloba tudo, incluindo bebidas, incenso, velas, livros de salmos – está avaliado em 6 bilhões de dólares.[1] Por outro lado, a indústria de *videogames* atingiu outros 21 bilhões de dólares, enquanto 24,2 bilhões foram gerados com a venda de livros não religiosos. Sem dúvida, isso é, em parte, uma reflexão de nossos tempos angustiados. Guerras, desafios financeiros, um mercado de trabalho em constante mutação, mais pessoas, menos empregos, o aumento do crime e um aumento da taxa de divórcios – assim como essas e outras incertezas que enchem nossos dias, todos nós sentimos uma necessidade crescente de estabilidade, de fundações permanentes que oferecem promessas sólidas. Para uma grande porcentagem da população mundial, a religião se encaixa no quadro de um mundo que está mudando em uma velocidade quase incompreensível. Ela oferece orientação pela vida toda sobre como viver e oferece uma estratégia que se estende muito longe até o futuro, garantindo até segurança mesmo após a morte.

À primeira vista, o *branding* e a religião parecem uma combinação esquisita. Contudo, examinando melhor, o relacionamento é muito mais próximo do que ousamos imaginar.

Fato: o *branding* se empenha continuamente para alcançar autenticidade e construir uma relação com os consumidores que se estende do berço ao túmulo. Em razão da própria longevidade, a religião presume um relacionamento autêntico, leal e duradouro com seus adeptos. As marcas colam rótulos em produtos e serviços físicos, enquanto a religião representa o intangível – fenômenos que são difíceis de descrever e impossíveis de mostrar ou provar.

A devoção à Apple de David, Christof e Mark é única. Ao mesmo tempo, propõe uma questão: por que tão poucas marcas conseguiram criar um fervor devocional? É razoável pensar que os profissionais do *marketing* e as empresas podem aprender com a religião lições valiosas para quando estiverem lançando novos produtos?

SEMPRE VERDADEIRO COM VOCÊ, À MINHA MANEIRA

Quanto maior for a lealdade que uma marca inspira, maior será o potencial de sucesso a longo prazo. Como em todas as matérias conectadas com a crença, as empresas não podem pesar, predizer ou comprar a lealdade. Lealdade é resultado de uma ampla variedade de fatores (incluindo confiança), que com o tempo gera o tipo de aliança que todos os profissionais do *marketing* buscam – os consumidores não conseguem fazer nada sem a Crest, as lâminas Gillete, os computadores Apple ou as Harley-Davidsons.

Tão fortes quanto a lealdade são as tradições. Mas, mesmo que algumas marcas reivindiquem um forte e leal séquito, poucas podem clamar serem partes de uma tradição.

Ainda assim, pensando a respeito, a cada dia somos cercados por tradições tanto de variações seculares quanto sagradas. Estouramos rolhas de espumante e nos maravilhamos com os fogos de artifício no Ano Novo. A cada ano, as casas hindus são acesas por duas semanas para espantar espíritos malignos durante o *Diwali*. É comum os floristas ficarem sem rosas vermelhas durante o Dia dos Namorados, e, uma vez por ano no Dia da Expiação, os judeus jejuam para se libertar do pecado. (Devo acrescentar que muitas dessas tradições são acompanhadas pela troca de presentes e refeições especiais.) Uma pergunta curiosa: quantas pessoas no mundo você acha que escovam os dentes no banho? Resposta: 40%. Sempre que faço conferências ao redor do mundo, pergunto às pessoas em plateias de, digamos, cem pessoas: "Quantos de vocês escovam os dentes no chuveiro?". Juro que, quase sem exceção, precisamente 40 homens e mulheres levantam as mãos.

E mais, estamos dispostos a pagar os preços abusivos por flores no Dia dos Namorados, e também encontramos tempo em nossas agendas atribuladas para enviar cartões de Natal. Por quê? Porque muitos desses rituais anuais estão costurados no tecido de nossas vidas – embora muitos de nossos mais estimados rituais não sobrevivam ao escrutínio racional no século XXI. Nós não os questionamos: simplesmente fazemos, em parte porque tradições e rituais oferecem uma sensação de previsibilidade e continuidade, amarram-nos em nossas comunidades e em geral nos fazem sentir mais seguros na vida.

Sejam elas sonhadas por profissionais inteligentes do *marketing* ou resultado da evolução ao longo dos séculos, as celebrações tradicionais estão centradas em rituais. Ainda assim, muitas vezes as famílias criam seus próprios rituais privados. Se servimos um tipo especial de bolo no aniversário ou insistimos em nos casarmos com o velho vestido de noiva da vovó, participamos desses costumes irracionais porque eles nos dão uma sensação de pertença em um mundo constantemente mutante e inquietante.

Como já discuti brevemente no Capítulo 5, cada um de nós tem seu próprio conjunto de rituais diários também: uns 250 por dia, acredite você, baseados em uma pesquisa que conduzi. Os seus podem incluir pegar um expresso duplo na Starbucks todas as manhãs na ida para o trabalho e terminar o dia com uma Corona gelada ou meio pote de sorvete Ben & Jerry. Para muitos, cinema só é cinema com Coca e pipoca. Você já reparou como essas marcas conseguiram furtivamente adentrar em nosso vocabulário nacional? Na verdade, levaram seus seguidores um degrau a mais na escada de lealdade para se tornar parte de uma tradição.

Assim como as tradições religiosas, as tradições de marca são muitas vezes passadas de uma geração à outra. Algumas famílias, por exemplo, fazem visitas anuais à Disney ou a uma velha casa de verão que é da família por muitas gerações. Durante o longo mês do Ramadã, quando os sauditas jejuam o dia inteiro, quase 12% da população lava toda a sua refeição noturna com Sunkist, um suco concentrado – que hoje se tornou parte do ritual ceremonial. O talco de bebê Johnson deve ser uma das mais conhecidas fragrâncias do mundo, mas, em Papua Nova Guiné, o produto é raramente usado em bebês e em suas assaduras causadas pela fralda. É usado em rituais mortuários para eliminar o odor de um homem ou mulher que acabaram de falecer e também salpicado nos lamentadores para assinalar que o período de luto terminou.[2]

VINCULAÇÃO SUPERSTICIOSA

À medida que nós, consumidores, subimos a escada da lealdade em direção ao paraíso de marca, poucas marcas alcançaram o que eu gosto de chamar de "*branding* supersticioso" – significando, como a Apple ou a Harley-Davidson, que são percebidas menos como marcas e mais como maneiras de viver. (Eu o chamo de "supersticioso" porque é como se, ao usá-las, eles quase podem espantar qualquer calamidade.)

Jack Nicholson ganhou o Oscar pelo papel de Melvin Udall em 1997 no filme *Melhor É Impossível*. Ele interpretou um homem avarento com um transtorno obsessivo-compulsivo. Caminhar sobre o piso de lajotas quadriculadas envolvia uma concentração meticulosa, visto que o personagem interpretado por Nicholson fazia questão de jamais pisar nos blocos pretos, só nos brancos. O público ao redor do mundo riu (ou se contorceu) com essa idiossincrasia, já que alguns reconheceram e se identificaram com a condição de Nicholson. "Batemos na madeira" para impedir que um horror do qual acabamos de falar se torne realidade, como se, fazendo isso, pudéssemos mudar de alguma forma o curso de nossas vidas. Evitamos caminhar debaixo de escadas e, na sexta-feira 13, permanecemos um pouco mais vigilantes. Todos nós nos comprometemos em algum grau de superstição para tornar nosso mundo mais seguro. Isso é racional? Dificilmente. Contudo, tememos as consequências de abandonar essas práticas – e assim a superstição se torna tradição.

O personagem de "Rocky Raccoon", dos Beatles, se hospedou em um hotel apenas para encontrar no quarto a Bíblia de Gideão. Isso não acontece só com o Rocky. Nos quartos de hotel de Liverpool a Lahora, de Sacramento a Sydney, os hóspedes encontrarão um livro religioso – uma Bíblia ou um Corão, talvez – guardado no criado-mudo ao lado da cama. Não existe lei prescrevendo ou exigindo que hotéis façam isso; contudo os viajantes podem descansar com mais facilidade sabendo que o sustento espiritual está ali na gaveta.

Nenhuma marca conseguiu ainda alcançar esse alto nível de dependência e confiança, nem devíamos esperar isso, mas a religião fornece um modelo em termos de oferecimento de sabedoria, lealdade, mito, metáfora, profundidade de significado e pura significação. Afinal de contas, todos nós somos fascinados pelos textos das grandes religiões do mundo e cativados por suas histórias, símbolos e mensagens. Elas nos tocam em nível emocional fundamental que impossibilita qualquer discussão racional.

Por outro lado, o *branding* se tornou uma ciência cada vez mais racional. Talvez esteja na hora de dar um passo atrás?

Não há dúvida: as pessoas de todo o mundo estão na busca de realização emocional. O mundo está em um impasse científico. Focamo-nos no argumento racional e nos resultados mensuráveis. Há alguma surpresa em descobrir uma necessidade crescente de conexão emocional? A atração firme e contínua das religiões alternativas se tornou um fato da vida. Em meu livro *BRANDchild*, os adolescentes e pré-adolescentes claramente desejavam que as emoções fossem incluídas no entretenimento, nos comerciais e nas marcas. Na verdade, 76,6% dos adolescentes e pré-adolescentes entrevistados nos Estados Unidos disseram que queriam algo no que acreditar. Um segundo número de 83,3% de todos os adolescentes urbanos afirmaram que "obedecer regras" foi uma das mais importantes escolhas que fizeram. Esse número era constante em todo o quadro, independentemente de qual país o entrevistado houvesse nascido e crescido. Dada essa intensa necessidade de conexão emocional, não surpreende que, entre 2002 e 2007, as vendas dos principais livros religiosos e espirituais ao público em geral tenha crescido em cerca de 7% em relação aos livros seculares.³

Obviamente, a lacuna entre a proposta racional das marcas atuais e a necessidade de produtos, serviços e crenças emocionais está crescendo. A religião atende a essa necessidade. Sem equacionar as duas ou parecer excessivamente explorador, o *branding* deveria tomar algumas lições das grandes religiões mundiais e querer construir ligações emocionais cada vez mais fortes com a população em geral.

VOCÊ É MEU RAIO DE SOL

Ícones

Os mais conhecidos ícones do mundo são religiosos, dentre eles, a cruz, a lua crescente, o Buda meditativo, o OM, a cruz com alça egípcia e a estrela de Davi. Cada um carrega um enorme peso simbólico. Cada um representa um modo de viver, um sistema de crença e uma comunidade de milhões de pessoas, se não bilhões. Apesar de inúmeras representações gráficas de ícones que proliferam e continuam sendo criados, esses ícones são facilmente reconhecíveis por quase todo mundo. Além de sua mensagem direta, também os vimos passarem por várias transformações. Eles estão gravados em pingentes, em bandeiras, na arte, no topo de edifícios, em camisetas e em material impresso. Eles são reproduzidos em cada substância material que você for capaz de pensar.

As famílias reais ao redor do mundo também são representadas por símbolos ou logos. Por exemplo, cada membro da Família Real na Dinamarca tem seu monograma. Quando um novo membro entra na família, um novo monograma é cuidadosamente criado e projetado para refletir sua personalidade.

As mensagens icônicas tendem a ser ambíguas e de múltiplas camadas. Os não budistas adotaram Buda como símbolo de iluminação, enquanto cruzes decorativas se tornaram declarações de moda para estilos tão diversos como o cigano rebelde e o roqueiro *punk hardcore* vestido todo de couro. Os ícones religiosos equivalem ao logo do *branding* derradeiro dos profissionais do *marketing*, embora eles estejam procurando a tradição a longo prazo, assim como o reconhecimento instantâneo e generalizado. E isso que nenhum deles está disposto a esperar várias centenas de anos para chegar lá!

Espalhando a palavra

Há não muito tempo, os mapas náuticos da Europa continham legendas que incluíam igrejas e outros locais de adoração. Os marinheiros podiam encontrar seu caminho ao avistar campanários e pináculos antes de encontrarem um farol, o que tornava as igrejas importantes ferramentas de navegação.

As igrejas já tiveram o monopólio dos melhores bens imobiliários, e também tinham a tendência de se situar nos terrenos mais altos, para que seus grandiosos campanários e graciosos pináculos engrandecidos pela cruz dominassem o horizonte visível. Não era permitido construir prédios mais altos, assegurando que a igreja local sempre ocupasse o local mais próximo do céu. Apesar da modernização, a Cidade de Roma ainda obedece à lei que afirma que nenhuma construção pode ser mais alta do que o domo da Catedral de São Pedro.

A cristandade não está sozinha no que diz respeito a assegurar máxima visibilidade para seus locais de adoração. Mesquitas e minaretes dominam o céu em muitas cidades muçulmanas; no horizonte constantemente em mudança dos arranha-céus de Bangcoc na Tailândia, os telhados altos e curvos de ouro brilhante dos templos budistas são fáceis de identificar.

Então, ao redor do mundo, as construções religiosas não são apenas visíveis, são acessíveis de todas as direções. A cidade toda sabe onde estão. O fato é que são centrais para a formação da comunidade, fornecendo uma sensação de pertença e compartilhamento de valores centrais.

Siga os líderes

Se você visitar o templo Pariwas em Bangcoc, na Tailândia, você vai encontrar mais do que o tradicional Buda. Lá, um fã do jogador David Beckham elevou a um novo patamar a adoração às celebridades. Uma cintilante estátua folhada a ouro de 30 centímetros de altura de Beckham toma seu lugar aos pés de Buda, junto com outras divindades menos celebradas. Chan Theerapunyo, o monge mais antigo do templo, defendeu essa inclusão dizendo que "o futebol se tornou uma religião e tem milhões de seguidores. Então, para estarmos atua-

Figura 6.1
A crença derradeira... para alguns. Um olhar afiado perceberia que um dos 50 budas do Templo Pariwas, em Bangcoc, é levemente diferente. É um Buda Beckham – em ouro.

lizados, temos de abrir nossas mentes e compartilhar os sentimentos de milhões de pessoas que admiram Beckham".

A adoração por David Beckham é pouca coisa em comparação com um personagem de desenho japonês chamado Hello Kitty. Por mais de 25 anos, esse gato bulboso sem boca fez a Sanrio Corporation ganhar literalmente bilhões. Um *site* chamado *Praying for Hello Kitty* dá a indicação do poder e do fervor messiânico da marca. É difícil contestar a religiosidade subjacente de uma mensagem postada no *site*, que inclui os versos "Hello Kitty é um anjo branco que não conhece nenhuma imundície... Hello Kitty é a Santa Maria... Hello Kitty é a criatura que Deus criou primeiro... Um mundo *hellokittíco* vai prosperar cada vez mais e mais... Jesus Hello Kitty, Nossa Hello Kitty...". [4]

Assim como todas as religiões mundiais são construídas com base em fortes lideranças carismáticas, também essas qualidades são refletidas nas mais bem-sucedidas marcas "de personalidade". Os David Beckhams, Bonos e Madonnas do mundo podem reivindicar um poder semelhante sobre suas legiões de devotos fiéis. Mais marcas tradicionais seguem essa mesma tendência graças a líderes carismáticos fortes. Pense em Richard Branson, Walt Disney ou Steve Jobs. Esses nomes se tornaram sinônimos da marca por eles criada. O fundador é a marca, assim como a marca em si – seja ela Virgin, Disney ou Apple – e é uma das luzes definidoras de nossas vidas de adeptos. Uma luz, devo dizer, que pode acabar escurecendo. Steve Jobs enfrentou seus momentos no deserto quando foi temporariamente deposto da Apple. Martha Stewart, a decana das marcas domésticas, experimentou sua própria queda.

Em uma conferência da Macromedia em São Francisco alguns anos atrás, sentei ao lado de um devoto da Apple que estava segurando um Newton, o PDA lançado pela Apple em meados dos anos 1990, que, apesar de seu conceito genial, nunca conseguiu emplacar. Para a surpresa de todos, Steve Jobs apareceu no palco. Vestindo seu traje casual característico, ele começou o discurso proclamando que o Newton estava morto – então, em um momento carregado de drama, atirou um dos aparelhos na lixeira da Apple mais próxima.

Alguns participantes aplaudiram intuitivamente, outros ficaram gritando e outros ainda estavam às lágrimas. Depois que a pessoa a meu lado passou um tempo furiosamente fazendo anotações, ele se juntou à balbúrdia, jogou o Newton no chão e começou a pular em cima. Para ele, a Apple era mais do que uma fabricante de produtos eletrônicos – era, ouso dizer, uma religião.

Em outro exemplo de uma famosa falha de *marketing* corporativo, em 1984 a Coca decidiu seguir os resultados de um teste de sabor após uma pesquisa com quase 200 mil consumidores, e alterou sua fórmula. A nova Coca marcou a primeira mudança na receita secreta em 99 anos. Quando a mudança de gosto foi anunciada em 1984, alguns amantes do refrigerante, em pânico, responderam estocando no porão vários e vários engradados de Coca original.

Os resultados foram catastróficos. Muitos consumidores não apenas ficaram indignados, como também sentiram que um pequeno pedaço da cultura dos Estados Unidos havia sido descartado sem cerimônia. Houve congestionamento na central telefônica 800-GET-

-COKE, assim como nos escritórios da Coca-Cola ao redor dos Estados Unidos. Em junho de 1985, a Coca-Cola Company estava recebendo 1.500 telefonemas por dia em sua linha de atendimento ao consumidor, em comparação com os 400 telefonemas habituais.

O que os testes das pesquisas não havia mostrado, é claro, era a ligação que os consumidores haviam criado com a marca Coca-Cola. Nesse relacionamento quase religioso, os consumidores não queriam ninguém, nem a Coca-Cola Company, interferindo na marca que eles haviam crescido adorando e idolatrando. Em todo o país, pulularam grupos de protesto, incluindo a Sociedade para Preservação da Verdadeira Coca e a Bebedores da Velha Coca dos Estados Unidos (que clamavam ter recrutado 100 mil membros na intenção de trazer de volta a "velha" Coca). Foram escritas canções para honrar o sabor antigo. Houve protestos em um evento da Coca-Cola, no centro de Atlanta, em maio de 1985, em que as pessoas carregavam placas com os dizeres "Queremos a Coca de verdade" e "Nossos filhos não conhecerão refrigerante".

O retorno da fórmula original da Coca-Cola, em julho de 1985, assinalou o encerramento de 79 dias que revolucionaram a indústria do refrigerante. A constrangida (e recém-transformada) Coca-Cola Company hoje permanece um testemunho da força das marcas que são mais do que simples marcas. Sem o conhecimento da empresa, a Coca havia adquirido a pompa de uma minirreligião.

INSPIRAÇÃO DIVINA

A Harley-Davidson, a Apple e a Coca-Cola provocaram reações e ações de seus consumidores com as quais outras marcas só conseguem sonhar. Os adeptos dessas marcas são mais do que apenas consumidores – em algum momento, eles se converteram em fiéis por inteiro. Você poderia argumentar que, em sua devoção e lealdade imprudente, está faltando uma grande quantidade de pensamento racional.

Então, o que é preciso para elevar uma marca além de sua base fiel e tradicional de consumidores em direção a um vínculo que se assemelha a um relacionamento religioso? O primeiro passo exige prestar muita atenção às 10 regras do *branding* sensorial. Esses são os componentes fundamentais que sustentam a religião e podem servir como o derradeiro modelo para o *branding*:

1. Sensação de pertença
2. Visão clara
3. Inimigos
4. Evangelização
5. Grandiosidade
6. Contar histórias
7. Apelo sensorial
8. Rituais
9. Símbolos
10. Mistério

Sensação de pertença

As religiões oferecem uma sensação de vínculo. Dentro do seio dessa comunidade, a crença pode cimentar relações entre seus membros, criando sentimentos poderosos de pertencimento. Viver na mesma vizinhança ou compartilhar uma cultura comum não necessariamente cria essa sensação de união. Não – deve existir uma cola social que una não apenas objetivos e valores comuns, mas celebre e lamente os mesmos eventos. À medida que a congregação investe seu tempo e os recursos na comunidade, ela cria o capital social que realça ainda mais a sensação de unidade.

As comunidades musicais existem há tanto tempo quanto existe a música. Mas, desde que a internet alterou nossa paisagem, elas se tornaram eficientes disseminadoras de informação e agora são emuladas pelas empresas que buscam jogar seus artistas para o público. Se funciona com as vendas de música, então pode servir também para os clubes de marca.

Revisitemos David Levine, o autoproclamado "Mac doido", palestrante de psicologia da University of Illinois. Levine é o orgulhoso dono de uma jaqueta de veludo da Apple adornada com diversos ícones originais do Macintosh. Ele pagou US$ 400,00 pela jaqueta, mas ainda não a usou fora de casa. Na verdade, o interior de sua casa é seu próprio *Macmundo*, sua Apple Store local. É dono de dez máquinas. Recentemente, gastou US$ 4.000 em um G-4 de processador duplo e mais US$ 2.000 em uma grande tela plana de cinema. "Eu não preciso disso", me disse. "Comprei para apoiar o Mac."

Como todos os aficionados e colecionadores da Apple, Levine se identifica fortemente com a cultura e a identidade da marca. Em seu armário, você também pode encontrar camisetas com o logo da Apple e até mesmo maletas cujas etiquetas são adornadas com o símbolo da marca Apple. Ele reconhece que pertence a uma comunidade do Mac e prontamente reconhece as conotações religiosas de sua afiliação com a Apple. Ele acredita que os usuários do Mac têm uma maneira comum e atípica de pensar e fazer as coisas. "Algumas pessoas dizem que elas são budistas ou católicas", ele me disse. "Dizemos que somos usuários do Mac, ou seja, temos valores semelhantes."

Criar uma sensação de pertença é fundamental para fomentar o crescimento de uma comunidade. Existem aproximadamente 2 milhões de comunidades virtuais, apesar de menos de 0,1% delas serem relacionadas a marcas (o que pode refletir o fato infeliz de que inacreditavelmente poucas marcas colocam o consumidor como centro da comunicação, em oposição à marca em si).

Dentre as maiores comunidades de marca do mundo está a Vigilantes do Peso. Mais de 2 milhões de membros aparecem em cerca de 30 mil reuniões em 29 países. Por mais de 40 anos, ao oferecer estímulo e assessoria, a Vigilantes do Peso trabalhou muito para se conectar com seus adeptos por meio de metas e desafios comuns. Junto com o Alcoólicos Anônimos, a Vigilantes do Peso é uma das poucas marcas fundamentadas no conceito de criar uma sensação de aceitação e pertença. A organização então levou a comunidade global um passo adiante ao fornecer uma estratégia exequível para emagrecer.

Outra marca que nutre uma potente sensação de pertença é o brinquedo LEGO. Existem umas 4 mil comunidades da LEGO ao redor do mundo, compreendendo todos os grupos de idade. Assim, se você for um avô de 75 anos de idade que simplesmente adora construir com seus blocos de LEGO no tempo livre, ninguém na comunidade LEGO vai olhar para você de soslaio. Uma rápida passagem pela apaixonada comunidade LEGO vai mostrar todos os tipos de associados, incluindo professores de matemática e desempregados.

Existem também os devotados aficionados da Manchester United, que abrangem 10 mil comunidades diferentes, variando de fãs individuais de futebol a fãs daqueles que jogam no time e desde então se tornaram heróis no Japão.

Todo mundo, em todos os lugares, sente a necessidade de pertença.

Uma visão clara

Christof Koch é um dos principais neurocientistas do mundo. Koch fez sua tatuagem da Apple enquanto estava em uma escavação arqueológica em Israel.

Então, o que exatamente motiva os fãs a gravar o logo da Apple na pele, ou os fanáticos da Harley-Davidson a encher o guarda-roupa com trajes da moto? Bem, essas duas marcas em particular refletem uma forte sensação de propósito. Os seguidores são mais do que aficionados dedicados – eles são positivamente evangelizadores em apoio a suas marcas escolhidas. Algumas marcas, como mencionei antes, são representadas em público por líderes visíveis, ousados e determinados. Richard Branson, da Virgin, fez diversas tentativas bem documentadas de fazer um voo solo ao redor do mundo em um balão de ar. Steve Jobs retornou de um conflito com a Apple e, em menos de um ano, conseguiu virar a sorte da empresa (tudo pelo grande salário de um dólar). É dessas coisas que se fazem as lendas. Mas acrobacias ousadas e líderes celebridades não terão êxito a menos que a visão da marca seja focada nos consumidores. Koch se identifica por completo com a Apple, que exorta os consumidores a "Pensar diferente" e entra

Tabela 6.1
MARCAS TATUADAS
Como você mede a verdadeira lealdade a uma marca? Talvez perguntando aos consumidores qual marca eles estariam preparados a tatuar no braço. Interprete os resultados algo surpreendentes você mesmo.

Marcas	Percentagem (%)
Harley-Davidson	18,9
Disney	14,8
Coca-Cola	7,7
Google	6,6
Pepsi	6,1
Rolex	5,6
Nike	4,6
Adidas	3,1
Absolut Vodka	2,6
Nintendo	1,5

em sintonia com pensadores e rebeldes como Albert Einstein, John Lennon e Mahatma Gandhi. Em seu centro, a marca Apple é muito mais do que tecnologia deslumbrante e estilosa – é uma filosofia e uma identidade não-convencional na qual os usuários podem se agarrar.

Uma marca precisa estabelecer desafios, questioná-los e depois conquistar aqueles mesmos desafios ao se tornar um herói – assim como fazem músicos, artistas do esporte e celebridades do cinema. E na raiz de cada desafio deve existir uma clara sensação de propósito, que ajuda os consumidores a identificar exatamente quem são em relação à marca.

Inimigos

Ao se lembrar das batalhas dos refrigerantes de cola nos anos 70, um alto executivo da Coca-Cola Company afirmou: "Ir ao trabalho era como ir para a guerra". O desafio entre a Coca-Cola e a Pepsi tomou uma dimensão global que tinha leves ecos de conflitos religiosos seculares. A Bíblia ou o Corão? Protestantes ou católicos?

Naturalmente, a competição de marca – em todas as suas dimensões – é uma guerra. Dentre outras coisas, a guerra une os cidadãos de nações grandes e diversas ao focar a população atrás de um único propósito ou meta. Times e países inteiros se unem durante o *Super Bowl* nos Estados Unidos ou na Copa do Mundo de Futebol. Em que lado você está, por exemplo, na disputa Microsoft-Apple? A Avis astuciosamente se tornou atuante no mercado de carros alugados ao se declarar a Número 2, enquanto proclamava "Nós nos esforçamos mais". A Avis usa o mesmo *slogan* há 40 anos, constantemente avaliando seu *status* como o de Número 2 – uma proposta interessante considerando nossa preocupação cultural em sermos o Número 1.

O psicólogo francês Pierre Bourdieu disse uma vez que "a escolha de uma marca é uma clara declaração do que você não é!". Um inimigo visível dá às pessoas a oportunidade de mostrar as cores e se alinhar com a equipe ou jogador com os quais mais se identifica – que pode, em alguns casos, ser um azarão. Em 1991, Linus Torvalds, estudante de 21 anos da Finlândia, desenvolveu um sistema operacional batizado de Linux. O Linux, como todo mundo sabe, se tornou altamente popular e lucrativo. Pesquisas indicam que cerca de um terço de todos os servidores da internet no mundo hoje são movidos pelo

Linux, o que o torna o segundo sistema mais usado depois da cada vez mais poderosa Microsoft.[5] O Linux também aproveita a distinção de ser o único concorrente da Microsoft que conseguiu, até hoje, ser bem-sucedido na disputa com a gigante do *software*. A paixão dos seguidores do Linux pela marca é lendária, quase zelosa. Muitos fãs exibem uma tatuagem do Linux, mas você teria dificuldade de encontrar um logotipo da Microsoft gravado na carne de alguém.

Para se tornar forte, uma marca precisa se posicionar quase em relação a outra marca. O contraste e o conflito criam uma situação arquetípica de "nós" contra "eles". Nos anos 1990, a indústria do sorvete nos Estados Unidos era controlada por três corporações multinacionais. Então, quando a Pillsbury, dona do Häagen-Dazs, tentou limitar a distribuição de uma pequena empresa de sorvete em Vermont, a Ben & Jerry's, a jovem fabricante de sorvete respondeu com sua agora famosa campanha "Do que o milico está com medo?", que acabou sendo tão bem-sucedida que suas vendas cresceram 120% somente naquele ano.

Esse cenário de Davi e Golias conquistou a empatia e o apoio dos consumidores e ajudou a colocar o sorvete da Ben & Jerry's firmemente nas prateleiras dos supermercados. Na década seguinte, a Ben & Jerry's cresceu para se tornar um dos maiores atuantes no mercado de sorvete dos Estados Unidos, o que acabou culminando na corporação anglo-holandesa Unilever, aquisição da empresa pela Ben & Jerry's em abril de 2000, encerrando uma batalha de 21 anos pelos corações e mentes dos consumidores. Davi *se tornou* Golias. A luta acabou.

Ironicamente, poucas empresas tiram vantagem dessa técnica. A maioria prefere fingir que os concorrentes não existem. Mas, como em qualquer jogo, filme, evento esportivo ou campanha política, é a tensão de uma rivalidade que gera excitação e envolvimento, cria fãs e inimigos, e inflama paixão, energia, opinião e argumentos. Isso é mais do que alguém pode esperar quando constrói uma marca.

Evangelização

A evangelização é um componente essencial na história e na mitologia de qualquer religião, e o fervor religioso raramente existe sem uma forte dose dela. As principais religiões do mundo estabeleceram suas credenciais ao longo de milhares de anos.

Mas o que é evangelização? É espalhar a palavra de um consumidor para o outro, adepto a adepto, seja pelo boca a boca, pela herança das gerações passadas ou qualquer outra maneira que os consumidores encontrarem.

O Manchester United é um time inglês que tem muitos torcedores. Quase todos os seus 53 milhões de torcedores podem contar a história do clube. Após a Segunda Guerra Mundial, o time se viu à beira da falência. Matt Busby surgiu como empresário, e em menos de uma década ele miraculosamente mudou a sorte do time. Em 1956, o Manchester United havia se qualificado para entrar na competição europeia e até chegou às semifinais da Copa Europeia. Um ano depois, o Manchester United trouxe para casa o título da Liga. Mas, no inverno de 1958, o time viajou a Belgrado para jogar com o Red Star. Na viagem de volta, o avião do time pousou para abastecer em Munique. Estava nevando muito aquele dia, e a pista estava congelada. Após duas decolagens abortadas, o avião saiu da pista e as asas bateram em uma casa. A colisão resultou nas mortes de 23 pessoas. Oito eram do time juvenil do Manchester United, conhecido como "Busby's Babes".

A resiliência, a perseverança e a capacidade do clube de superar essa tragédia percorreram um longo caminho em direção à criação de força para a marca Manchester United, cujo lucro em 2002 foi de 233 milhões de dólares. Ironicamente, embora o Manchester United não tenha sido o time com o melhor desempenho do mundo, os torcedores permaneceram apaixonados e inabaláveis, e a base de torcedores continua aumentando.

A história acrescenta uma credibilidade necessária às marcas. Também apoia a autenticidade de um produto ou empresa, que é uma das razões pelas quais o *background* de uma marca e as histórias em volta são tão importantes. A tragédia e eventual reconstrução do time Manchester United acrescenta uma autenticidade essencial à marca. A questão então se torna: como ser bem-sucedido na criação de autenticidade se a marca não possui uma história anterior que a apoie?

A cadeia canadense Tim Hortons encontrou uma forma de contornar o problema da autenticidade em seus novos estabelecimentos por meio de uma campanha publicitária embasada no testemunho dos consumidores proclamando-a um "local de encontro – uma segunda casa". Tim Hortons também enfatizava a distinta essência canadense de seus produtos caseiros. A marca também conseguiu gerar mito ao usar um de seus símbolos-chave – uma simples caneca de café. Conta a história que um canadense que viajou metade do mundo e foi abordado por dois colegas canadenses que o reconheceram como um compatriota apenas por causa da caneca Tim Hortons – ao que se seguiu uma amizade para a vida inteira.

Grandiosidade

Imagine ser o primeiro homem a escalar o Monte Everest. Alguém se lembra da segunda pessoa a escalar o Everest? Não sei quanto a vocês, mas eu não. Agora imagine visitar uma igreja, ou talvez o próprio Vaticano. Quando visitamos um local de adoração, em meio aos tetos abobadados e ao fino mobiliário – afrescos, tapeçaria –, vamos embora nos sentindo humildes, espantados, pequenos. Visualize o Templo do Buda de Ouro em Bangcoc, com o Buda de quase 3,5 m de altura, ou mais prosaicamente, alguns dos mais icônicos hotéis do mundo, deliberadamente projetados para evocar maravilhamento e sensação de reverência à ingenuidade e à capacidade humanas de enfrentar riscos, seja no Hotel Bellagio em Las Vegas ou no inacreditável Hotel Burj Al Arab em Dubai – todos foram projetados para inspirar sentimentos de grandiosidade.

As empresas estão bem avisadas para focar sua atenção nos fatores inspiradores de reverência que conectam os consumidores às marcas. À medida que se desenvolve o mercado de bugigangas digitais, os consumidores são soterrados por manuais de instrução e detalhes técnicos. Mas, quando o iPhone da Apple foi posto à venda, ele não alcançou quase da noite para o dia um sentido de grandiosidade quase sem precedentes? E onde estava o manual de instruções? Você poderia acessá-lo em um curto filme *online*.

Contar histórias

O Novo Testamento, a Torá, o Corão. Todas as religiões da história estão cheias não apenas de história, mas de inúmeras histórias, algumas miraculosas, algumas arrepiantes, algumas com ambas as características. As marcas mais poderosas e bem-sucedidas também têm histórias atreladas a elas – seja o elenco de personagens de desenho da Disney (o Mickey mouse, o Peter Pan e o Capitão Jack Sparrow, dentre outros), seja as histórias escritas à mão sobre a origem dos alimentos que a Whole Foods estampa nas embalagens dos seus produtos orgânicos. Os consumidores ficam fascinados pelas histórias (particularmente aquelas que eles podem completar com seus próprios significados ou finais imaginários) e, em consequência, compram em massa.

A Hello Kitty, como comentei antes, oferece algo parecido. A demanda pela personagem do desenho japonês na Ásia é insaciável e está crescendo muito nos Estados Unidos e nos mercados europeus. Recentemente, apenas em Hong Kong, 4,5 milhões de Hello Kitties se esgotaram em apenas cinco semanas. Em Taiwan, o Makoto Bank local lançou cartões de crédito, cartões de débito e livros de contabilidade da Hello Kitty – e a receita anual do banco disparou como um foguete.

A Hello Kitty tem uma capacidade semelhante a de um salvador de seduzir o povo ao seu mundo perfeito, oferecendo estabilidade e felicidade. O que poderia ser mais atraente a um consumidor do que um universo livre do caos em que um membro simplesmente segue as regras – deixando que a Hello Kitty tome conta de você? A Hello Kitty tem 25 anos de experiência em fazer simplesmente isso. Os devotos são livres para projetar as emoções em sua imagem bizarramente amável. Existem linhas de ajuda, *sites* de oração e sessões de consulta particular, tudo da Hello Kitty.

A Hello Kitty também vai tomar conta de todas as suas necessidades materiais. Existem jogos de chá, torradeiras, carregadores de telefone, mochilas, calendários, diários, *mouse pads*, roupas, brinquedos, motos, borrachas, cortinas, lençóis e colchas da Hello Kitty. A Itochu Housing está vendendo um condomínio com o tema da Hello Kitty para celebrar o aniversário de 25 anos da gata. A Daihatsu Motor Company produziu um carro da Hello Kitty, completo com fechaduras, estofamento e direção da Hello Kitty. Como você já deve ter adivinhado à essa altura, esse ícone de marca japonês é um potente negócio global multibilionário. A Sanrio, empresa que a criou, é uma das mais bem-sucedidas fornecedoras de artigos relacionados a personagens, com cerca de 3.500 lojas em mais de 30 países, às quais são acrescentados cerca de 600 novos produtos por mês aos quase 20 mil já disponíveis para venda.

A Hello Kitty está longe de ser o único símbolo de um mundo tido como perfeito. Outro conceito japonês que mostrou enorme potencial mundial é o EverQuest, jogo *online* operado pela Sony Corporation, que hoje tem quase 3 milhões de assinantes pagos. Quando perguntaram aos membros onde eles prefeririam viver – se na Terra ou em Norath (o planeta virtual em EverQuest) –, 20% optaram por Norath![6] Da mesma maneira que a religião promete uma vida perfeita, Norath é claramente uma alternativa muito atraente a nosso próprio mundo. E o EverQuest está longe de ser o único universo perfeito do mundo virtual. Enquanto escrevo isso, existem mais de 20 mil comunidades de jogos *online*, incluindo mais de 35 milhões de pessoas.

Tanto o EverQuest quanto a Hello Kitty são exemplos extremos de ícones de um mundo perfeito. Por mais bizarro que pareça, eles oferecem um mapa estratégico parcial para criar um mundo perfeito de marcas. A chave para o sucesso é a capacidade dessas marcas de criar um conjunto de regras sólidas que oferecem aos consumidores segurança, sem falar na liberdade de se reinventar em um mundo que é mais controlável e, ao final, mais inclusivo.

Apelo sensorial

Nenhuma marca pode hoje afirmar que apela aos cinco sentidos humanos. Contudo, quase todas as religiões podem. Cada uma delas tem suas cores, seu modo de vestir, seus ícones e suas definições.

Na Turquia, a Igreja de Hagia Sophia (Sagrada Sabedoria) foi construída na colina mais alta de Istambul. Dois homens trabalharam para criar essa espantosa estrutura bizantina, e nenhum deles tivera experiência anterior com arquitetura. A igreja que eles acabaram criando foi construída ao redor de um domo projetado para seduzir o olho para o entorno superior da construção, aproximando-se cada vez mais do centro e, no fim, descansando no altar.

Em geral, as construções religiosas transmitem uma sensação de reverência, mas também são projetadas para transmitir valores religiosos. Assim como as manifestações físicas do paradisíaco, esses espaços sagrados estão impregnados de cheiros evocativos. O incenso queimando durante a liturgia data de muito antes da antiga idolatria hebraica e está gravada no Salmo 141: "Suba à Tua presença minha oração, como incenso". Como sugere esse verso, o incenso simboliza a palavra da oração subindo a Deus. A Bíblia iguala o incenso às visões do Divino, mais notavelmente no Livro de Isaías e no Apocalipse de São João, enquanto a fumaça em si está associada com a purificação e a santificação.

O incenso está longe de ser território exclusivo do cristianismo. O uso mais antigo de óleos aromáticos e ervas é documentado desde a antiga China, e eles também eram usados em sacrifícios religiosos no antigo Egito, na Grécia e em Roma. Óleos e ervas desempenham um papel importante nas principais religiões da Ásia e são usados em templos, durante a oração e a meditação, assim como para espantar demônios e espíritos malignos.

O perfume era um símbolo mágico-religioso de transformação anteriormente confinado a rituais sagrados. Daí, ele se desenvolveu rapidamente em algo muito mais profano, à medida que o segredo se espalhava dos padres para a população geral. No ritual tântrico, por exemplo, o óleo de sândalo é aplicado na testa, no peito, nas axilas, no umbigo e na virilha do homem. Da mesma forma, a mulher é ungida com jasmim nas mãos, *patchuli* no pescoço, âmbar nos seios, almíscar na virilha e açafrão nos pés. Uma mistura maravilhosamente inebriante de entrega espiritual e puro deleite olfativo.

As construções religiosas também são projetadas para conduzir som. Seja o do órgão, do coro, dos sinos vibrantes, da música *gospel* ou do entoar de mantras, a acústica ressonante é uma característica importante de todas as casas de adoração. Cada religião tem seu som conhecido, sacramentos específicos, símbolos e rituais. A música que a acompanha é uma parte vital da adoração – e da própria atmosfera.

É difícil "sentir" ou "tocar" a alma. Portanto, cada religião inventou uma referência tátil simbólica, seja a água, o *tikka* vermelho na testa marcado com um dedão firme, o rosário apertado dentro da palma até mesmo a textura dos livros sagrados.

Em contraste com a religião, as marcas há muito vêm lutando para transmitir um completo apelo sensorial – principalmente porque as marcas tendem a estreitar seu foco, concentrando-se apenas nos sentidos relacionados à função principal do produto.

A Harley-Davidson é uma das poucas exceções. O som do motor *V-twin* se tornou sinônimo da marca. Em 1996, a empresa levou a Yamaha e a Honda aos tribunais para defender seu som característico, descrito pelo advogado da marca, Joseph Bonk, como "muito veloz, "potato-potato-potato". Embora o som de um Hog (termo afetivo usado pelos aficionados pela Harley) esquentando talvez não seja passível de proteção por marca registrada, ele causa a mesma emoção nos devotos da Harley que os primeiros toques crescentes do órgão que precede a missa matinal causam nos católicos.

Rituais

A cada quatro anos, acende-se uma tocha em Olímpia na Grécia, que é então carregada por atletas (e celebridades) de diferentes países participantes até a cidade-sede dos Jogos Olímpicos. Esse ritual é parte da cerimônia de abertura da Olimpíada e continua acesa durante os jogos, antes de ser finalmente extinta na cerimônia de encerramento.

O ritual da chàma olímpica nada mais é do que um ritual religioso. De acordo com a Associated Press, mais pessoas testemunharam a cerimônia de abertura dos jogos de Pequim em 2008 (a maior audiência de uma cerimônia de abertura olímpica obtida nos Estados Unidos) do que já estiveram em uma cerimônia religiosa. Aquele não foi o único ritual, contudo. Em seguida, vieram o desfraldar das bandeiras, a música crescente, as disputas em si e a cerimônia de premiação. Tudo isso depois de orientações estritas que evoluíram ao longo dos anos e hoje são familiares a bilhões ao redor do globo.

Todo mundo assiste às Olimpíadas, e por que não? Há drama, excitação, tragédia e lágrimas. Mesmo depois que a chama é extinta, os símbolos dos rituais permanecem. Em qualquer cidade olímpica anterior, você vai encontrar sinais que o direcionam à Avenida Olímpica, à Quadra Olímpica e à Arena Olímpica. As marcas pagariam *milhões* por essa estratégia de indicação!

As marcas precisam de rituais, embora pouquíssimas tenham conseguido criá-los. Nos anos iniciais do *rock and roll* durante a década de 1960, Pete Townshend, do The Who, acidentalmente quebrou a guitarra no teto de uma pequena boate. As exclamações frenéticas do público o incitaram a continuar, então Pete Townshend quebrando a guitarra se tornou um ritual a cada apresentação do The Who – um ritual que foi posteriormente adotado por outro ícone dos anos 1960, Jimi Hendrix.

O interessante é que algumas das marcas mais sofisticadas e com uma abundância de rituais são relativamente novas, e todas tendem a fazer parte de comunidades de marca maiores. O Nintendo, o Xbox e o Playstation têm rituais em comum. Os jogadores sérios dirão que aderem a rituais rígidos estabelecidos pela comunidade *gamer*, que englobam tudo, de parâmetros de jogo a códigos de trapaça.

Se uma marca quer transformar sua tradicional base de consumidores em uma comunidade de fiéis, ela precisa ter rituais que incorporem os princípios de consistência, recompensa e experiência compartilhada. Por quê? Porque a consistência satisfaz as expectativas dos consumidores, ajuda a disseminar a palavra, engloba cada aspecto da navegação ao anúncio à finalidade, e também apela a nossos sentidos. Os rituais deveriam também carregar com eles um sistema de recompensa incorporado. Não me refiro a nenhum tipo de ganho financeiro. Estou simplesmente falando sobre uma experiência que é prazerosa o suficiente para ser repetida – seguidas vezes.

O elemento mais importante? A marca tem de assegurar que, não importa o ritual desenvolvido, ele seja compartilhado. Os rituais em si têm muito pouco peso. Claro, é legal olhar um belo por do sol, mas a vista realmente só se torna viva quando você a compartilha com outra pessoa. Melhor ainda, se toda uma comunidade testemunha esse por do sol em conjunto, ele se torna um momento sagrado – quase uma recompensa.

Ao longo dos séculos, as religiões conseguiram transformar os rituais em uma arte bastante sintonizada. As marcas do futuro precisarão incluir rituais como parte do pacote, embora não seja fácil conseguir isso. Ainda assim, é um esforço que vale muito a pena.

Símbolos

Toda a estrutura do nosso mundo moderno se baseia em símbolos – um fenômeno longe de ser novo. O peixe cristão, ou *ichtus*, por exemplo, é um símbolo que evoluiu ao longo dos séculos. Sendo originalmente um código secreto gravado com uma sandália no deserto pelos crentes perseguidos, hoje réplicas holográficas adornam camionetes, proclamando em voz alta para o mundo a cristandade dos motoristas. Quase sem exceção, as religiões descobriram os símbolos para representar e identificar sua fé, estejam eles arranhados em uma caverna, gravados em uma pedra ou adornados com joias preciosas.

E a comunicação iconográfica está em alta. Quase todos os jogos de computador funcionam em torno de ícones, que servem a dois propósitos distintos: transmitir informações em uma linguagem rápida, simples e compreensível, e ser usados como código, reconhecíveis apenas pelos iniciados (o que, em troca, forma seu próprio código, endossando ainda mais a sensação de pertença em meio aos seguidores, aqueles poucos escolhidos). Minha pesquisa anterior publicada em *BRANDchild* revelou que 12% dos adolescentes e pré-adolescentes preferem comunicação escrita à verbal, ao passo que impressionantes 70% abreviam o que escrevem de propósito enquanto mandam mensagens de celular ou batem papo na internet. Como resultado, a linguagem escrita dos adolescentes e pré-adolescentes tem se tornado conveniente e deu margem a abreviações, ícones, números e gramática fora do padrão.

As gangues usam cores, os clubes de motos usam insígnias, enquanto os menores de 18 anos voltam o foco para as cores de cabelo, o estilo e a moda. Nós nos vestimos, caminhamos e falamos de maneira a mostrar onde se encontram nossas afiliações.

Apenas um número limitado de marcas integraram os símbolos à sua comunicação de marca geral com consistência (muito mais frequente é a inconsistência). Na última década, mais de uma vez tanto a Microsoft quanto a Motorola alteraram a aparência de alguns de seus ícones mais conhecidos, incluindo configurações do *menu*, ícones, lixeiras, etc. As marcas de carro também são culpadas de descartar os símbolos – um grande erro, visto que os símbolos refletem os valores centrais das marcas e deveriam ser, em teoria, tão distintos a ponto de ser instantaneamente reconhecíveis pelo consumidor.

Mistério

Por que estamos aqui? O que acontece depois que morremos? Existe vida em outros planetas? Qual é a aparência de Deus? É claro, não existem respostas definitivas. Mas isso não significa que não sejamos obcecados em encontrar soluções!

Os fatores desconhecidos em uma marca se mostraram tão inspiradores quanto os conhecidos. Afirma-se (ou a informação vazou deliberadamente) que apenas dois químicos dentro da Coca-Cola conhecem a fórmula supersecreta do refrigerante. Diz a lenda, ou os boatos, que, em toda a história da empresa, apenas oito pessoas no total conheceram a fórmula e apenas dois ainda estão vivos. A fórmula secreta se refere a um ingrediente chamado 7X, uma mistura de frutas, óleos e temperos que dá ao xarope seu sabor de "Coca" característico. Quando, em 1977, o governo indiano ordenou à empresa que revelasse a fórmula, a Coca respondeu que preferia renunciar ao gigante mercado indiano a revelar sua fórmula secreta.

Quantas pessoas tiveram acesso à receita de galinha frita do Coronel – mais conhecido como KFC? Não tenho ideia, mas o ponto é que a história de uma marca com frequência ajuda a gerar uma mística que atrai o público. Ninguém realmente sabe se a receita secreta da KFC foi de fato descoberta quando o Coronel morreu, e sua casa foi vendida (quando o novo dono tentou vender a receita "secreta" que ele afirmou ter encontrado, todos acreditaram nele).

Quanto mais mística uma marca é capaz de cultivar, mais forte será a base para se tornar um produto procurado e admirado. As religiões têm cultivado a mística desde seu surgimento. Contudo, apenas algumas marcas aprenderam com a experiência e fizeram bom uso dessa décima regra.

> **DESTAQUES**
>
> A ansiedade e a incerteza preenchem nossos dias e por isso cresce a procura por estabilidade. Os consumidores tendem a investir tempo e dinheiro em coisas (e instituições) que eles acreditam que sobreviverão.
>
> Para uma grande parte dessas pessoas, a religião fornece certeza em um mundo que está mudando em um ritmo incompreensível. Ela oferece um plano sobre como viver, e um mapa para o futuro, chegando ao ponto de garantir segurança após a morte.
>
> O *branding* se empenha continuamente em alcançar autenticidade e criar um relacionamento com os consumidores que se estenda do berço ao túmulo. Por sua própria longevidade, a religião automaticamente assume uma relação autêntica, fiel e duradoura com os seguidores.
>
> As religiões podem ser uma fonte de inspiração para o *branding* no futuro? Marcas como Apple, Harley-Davidson e Hello Kitty já se tornaram quase religiões para muitos de seus seguidores.
>
> No intuito de elevar uma marca para além de sua tradicional base de consumidores fiéis em direção a uma conexão que se assemelha a um relacionamento religioso, lembre-se das 10 regras (e consumidores, estejam cientes delas também):
>
> **1. Sensação de pertença**
> Cada religião nutre uma sensação de vínculo comunitário. No seio dessa comunidade, a crença pode crescer e cimentar relações entre os membros da congregação, criando poderosos sentimentos de pertença.

2. Visão clara
A marca precisa refletir uma finalidade transparente e deveria ser representada por um líder visível, ousado, determinado e carismático.

3. Inimigos
Um inimigo visível dá às pessoas a oportunidade de mostrar suas cores e se alinhar com o time ou o jogador com os quais mais se identificam (incluindo o azarão).

4. Evangelização
A evangelização é um componente essencial na história e na mitologia de qualquer religião – assim como deveria ser para qualquer marca de sucesso que espere atrair novas legiões de consumidores.

5. Grandiosidade
As religiões e as marcas que impregnam os consumidores com uma sensação de maravilhamento e reverência vão conectar todos nós a elas, de forma indestrutível.

6. Contar histórias
As marcas precisam criar primeiro, depois estabelecer, um produto que conte uma história à qual os consumidores possam acrescentar suas próprias ideias e finais.

7. Apelo sensorial
Nenhuma marca existente pode afirmar que apela aos cinco sentidos. Contudo, quase todas as religiões podem. Cada denominação tem suas cores, seus uniformes, seus ícones e suas localidades – assim como uma marca vencedora deveria ter.

8. Rituais
Se uma marca quiser transformar sua tradicional fidelidade de consumidor em uma comunidade de crentes, ela precisa ter rituais. As celebrações tradicionais – sejam elas pensadas por profissionais de *marketing* inteligentes ou desenvolvidas ao longo dos séculos – sempre se centram em rituais.

9. Símbolos
A comunicação iconográfica está crescendo rapidamente. Todas as religiões (e muitos jogos de computador atuais) funcionam em torno de ícones. Apenas um limitado número de marcas integraram de forma consistente os símbolos em sua comunicação de marca geral.

10. Mistério
Os fatores desconhecidos em uma marca deveriam ser tão inspiradores quanto os conhecidos. Quanto mais mística cultivada houver por uma marca, mais forte será a base que ela tem para se tornar um produto procurado e admirado.

NOTAS

1. http://www.marketresearch.com/product/display.asp?productid=1692979&SID=36686314-456007258-419551152&kw=Religious.
2. http://www.perceptnet.com/cient04_08_ang.htm.
3. http://www.publishers.org/main/IndustryStats/documents/S12007Final.pdf.
4. http://www.isn.ne.jp/~suzutayu/Kitty/KittyPray-e.html.
5. Matthew W. Ragas e Bolivar J. Bueno (2002), *The power of cult branding: How 9 magnetic brands turned customers into loyal followers (and yours can too!)*, Prima Venture, New York, p. 28.
6. Sean Dodson (2002), "The world within", *Sydney Morning Herald*, Icon, May 23.

7
O FUTURO

Como todas as coisas, o *branding* está evoluindo. Na próxima década, o diálogo no interior da indústria vai se deslocar de melhores campanhas impressas e comerciais de televisão mais cativantes para um caminho inteiramente novo. Estou certo disto: as marcas terão que se destacar, bater no peito, declarar singularidade e estabelecer identidades como nunca antes. É claro – os canais tradicionais de propaganda permanecerão dominantes, mas terão de existir ao lado de outros canais não tradicionais, que estão brotando tão rápido quanto a tecnologia permite. As ondas de rádio e as rodovias cibernéticas estão tão engarrafadas com tantas mensagens que às vezes fica difícil escutar uma voz no congestionamento.

Há 50 anos, David Ogilvy, Bill Bernbach e Stan Rapp transformaram o modo como o mundo percebia a propaganda. Recentemente, contudo, fomos submetidos a uma revolução digital. Temos mais canais de TV do que podemos assistir, e mais *sites* do que podemos visitar. Temos telefones celulares, PDAs e Skype, internet, jogos eletrônicos, CDs e DVDs. Temos telefones que tiram fotos e imagens animadas nas pontas dos dedos. Podemos interagir em tempo real com as máquinas e as pessoas ao redor do mundo.

O que estamos testemunhando é o surgimento de um consumidor interativo. Por ora, uma geração inteira (ou duas) cresceu com o *mouse* na mão usando a tela de um computador como janela para o mundo. Eles respondem, até mesmo exigem, uma comunicação mais curta, mais atrativa, mais veloz e mais direta.

ALGUMAS PREVISÕES...

Na próxima década, o *branding* sensorial será adotado por três categorias de indústria.

1. **Os pioneiros sensoriais.** Os fabricantes de automóveis e as empresas farmacêuticas vão liderar o caminho no enfoque e na inovação sensoriais.
2. **Os adotantes sensoriais.** As telecomunicações e as indústrias de computadores estão lutando por definição e diferenciação. Afinal, quem é capaz de diferenciá-las? Elas são as mais propensas a buscar inspiração nos setores automobilísticos e do entretenimento.
3. **Os seguidores sensoriais.** Uma ampla variedade de indústrias, incluindo o varejo e o entretenimento, tem maior probabilidade de seguir do que liderar.

O que é necessário para entrar no mundo do *branding* sensorial? Todas as indústrias têm potencial para adotar uma plataforma de *branding* sensorial. Agora mesmo, algumas estão bem na frente, enquanto outras estão muito atrás.

PIONEIROS SENSORIAIS

A indústria farmacêutica

As empresas de medicamentos têm um número limitado de anos de proteção da patente de seus produtos. Quando terminarem, essas patentes estarão disponíveis para serem copiadas por qualquer um, e elas *estão* sendo copiadas. Uma forte indústria de remédios genéricos está emergindo da Ásia. E mais, estão sendo impostas restrições mais rígidas nas promoções de farmacêuticos. Os departamentos de *marketing* descobrirão que o *branding* sensorial fornece a base que estavam procurando para criar uma plataforma nova em folha – e uma nova injeção de lealdade dos consumidores.

Tirar vantagem da lealdade do consumidor por meio do sentimento tátil dos produtos, das cores e do *design* da embalagem, assim como do som, do aroma e do sabor característicos da marca, pode fornecer a uma empresa farmacêutica um novo arsenal para estabelecer um vínculo com os consumidores. A legislação em alguns países desafia o registro de marca tradicional no formato e na cor do medicamento, mas até agora nenhum governo rejeitou uma patente sobre o cheiro ou o gosto. Isso abre um panorama bem-vindo para as empresas, que podem contar com uma patente para toda a vida, em vez de uma patente com data de expiração determinada.

A indústria automobilística

Algumas vezes, fica difícil para os líderes do grupo ficarem na frente do grupo. As montadoras estão agora se movendo em direção à fase final da inovação no *branding* sensorial. Estão trabalhando em uma gama de novos sons para os ajustes do assento, as caixas de câmbio, os trilhos, indicadores, avisos de perigo, buzinas e janelas elétricas, e também projetando uma cabine de carro com baixo nível de ruído e som de marca.

Hoje, todos os componentes possíveis de um carro que representam um ponto de contato sensorial estão sendo examinados, avaliados e marcados. Em breve, cada marca de carro terá seu próprio cheiro de marca, uma sensação tátil de marca, assim como um som característico. Não vai demorar muito para que cada componente seja patenteado como "exclusivo" do modelo e da marca do carro. Depois, o fabricante poderá levar os componentes patenteados para o mercado e distribuí-los... bem, da Rota 66 em diante. A Porsche já tem uma variedade diversa de produtos no mercado. É possível comprar qualquer coisa, desde guarda-chuvas da Porsche a óculos da Porsche. Esses pontos de contato sensoriais se tornam o ponto principal de contato e conexão – oferecendo pistas para explicar por que os fãs da Porsche estão dispostos a pagar 40% a mais por um *laptop* da Porsche em relação ao de qualquer outra marca.

ADOTANTES SENSORIAIS

A indústria de telecomunicações

A luta global pelo domínio nas telecomunicações lembra a luta dos fabricantes de carros na metade do século XX. Outra vez a Ásia está na dianteira em relação à Europa e aos Estados Unidos em termos de inovação, dessa vez na indústria de telefonia celular. Mais uma vez, os fabricantes asiáticos estão preparados para trazer perspectivas multissensoriais de alto nível para as novas ofertas.

Cada aspecto do telefone celular, incluindo qualidades táteis, *design*, visor, sons de marca gerados quando os consumidores usam os telefones, cheiro do produto, será avaliado, realçado e melhorado nos próximos anos. Um exemplo é a Immersion, empresa cuja tecnologia permite que você "toque" alguém pelo telefone. De acordo com a BBC *online*, "a empresa tem conversado com os fabricantes de celular para incorporar o toque nos próximos aparelhos".[1]

A indústria de computadores

Os computadores pegaram emprestado o termo "qualidade consistente" da indústria automobilística. Isso marca apenas o começo de uma corrida para ganhar vantagem competitiva em cada aspecto, além do tamanho do microprocessador.

A Apple e a Bang & Olufsen estão fornecendo a inspiração para a indústria dos computadores, que apenas recentemente começou a ficar preocupada com estilo e *design*. Já estava na hora! Os computadores estão se focando no som. Em seguida, virão os elementos táteis, seguidos pelo cheiro do equipamento (eu pessoalmente amo o cheiro de computador novo). Da mesma maneira que se tornou padrão tirar vantagem do cheiro de "carro novo", as marcas de computadores em breve estarão criando suas próprias versões.

Em contraste com inúmeras outras indústrias, as inovações tecnológicas já estão incorporadas no produto. Em breve, os computadores serão fabricados com a capacidade de manipular os canais sensoriais (lembram-se daqueles *emails* com fragrância que eu mencionei antes?). Visto que 400 milhões de pessoas ao redor do mundo ligam o computador todos os dias, os engenheiros da computação estão se focando no *mouse* para potencialmente abrigar o "cérebro" multissensorial. A Sony Corporation está trabalhando nisso neste instante.[2] Lá, uma equipe de especialistas, incluindo um psicólogo, está desenvolvendo um *mouse* que fará o usuário "sentir" o que está apontando na tela do computador. O *mouse* poderia ser instalado em qualquer computador com Windows, e poderia transmitir imagens, textos e animações diretamente para a ponta dos dedos dos usuários. Embora os engenheiros estejam projetando essa tecnologia principalmente para pessoas com visão comprometida, o potencial para outras aplicações – ou seja, o *branding* sensorial – é imenso.

SEGUIDORES SENSORIAIS

A indústria de alimentos

Independentemente do que sentimos sobre adulterar a genética do que comemos, você ainda lerá muito sobre o *"design* da comida" na próxima década. Claro – o sabor sempre será importante, mas os resultados do *Brand Sense* mostram que o cheiro e a aparência ocupam a mesma classificação na escala de importância dos consumidores.

É improvável que a indústria de alimentos deixe as coisas do jeito que estão hoje. Ela vai persistir em projetar o cheiro do produto e o som da embalagem, assim como controlar o som que a comida faz quando você a ingere. Ela vai interferir na cor e no sabor, criando novos níveis de preferência sensorial. Os adolescentes e pré-adolescentes vão preferir *ketchup* verde e Sprite azul turquesa.

Em nossa sociedade urbana contemporânea, estamos mais acostumados com escolher maçãs nas prateleiras dos supermercados do que nas árvores. Poucas pessoas conseguiriam identificar uma folha de maçã. Embora muitos consumidores apreciem o aroma do que acreditam que seja o couro de verdade, uma geração atrás a eles foi apresentado ao falso cheiro de couro que hoje eles acreditam ser a coisa de verdade. O mundo alterado e artificial parece mais autêntico do que o mundo real! A tecnologia possibilitou que empresas como Nestlé, Coca-Cola e Carlsberg acrescentassem aroma às embalagens na prateleira do supermercado. A questão da autenticidade vai determinar a distância que essa indústria poderá percorrer antes de topar com a repercussão dos consumidores.

A indústria de bens de consumo rápido

A indústria de bens de consumo rápido inclui tudo, de escovas de cabelo a canetas. Algumas indústrias nessa categoria estarão aptas a navegar o caminho sensorial com maior facilidade do que outras. Por meio do trabalho de *designers* como Terence Conran e Philippe Starck, os itens do cotidiano se tornaram cada vez mais sofisticados visualmente. O próximo passo? Distinguir seu perfume e som dos demais. Para sobreviver nessa nova paisagem definida pelo sensorial, as empresas terão que pegar as pistas das indústrias mais avançadas e tentar manter uma liderança nas suas próprias.

A indústria de turismo e hospitalidade

Até o final do século XX, a indústria da hospitalidade era uma das mais inovadoras no departamento do *branding* sensorial. Mas crises financeiras, SARS, terrorismo, gripe suína, uma economia em frangalhos e uma cautela geral em relação a viagens vêm derrubando sua liderança.

Apenas algumas cadeias de hotéis (como a Ritz-Carlton) estão mantendo o foco sensorial. O logo de leão do Ritz pode ser encontrado em maçanetas, torres de bolo, sabonetes e chinelos. Entretanto, apesar da perda geral de foco, as cadeias permanecerão inovadoras, com os grupos asiáticos – particularmente os de Cingapura – na linha de frente.

A indústria do turismo vem sendo atacada por todos os lados. Linhas aéreas econômicas forçaram as companhias aéreas estabelecidas a zerar seus orçamentos de *branding*. Apesar das várias crises, poucas companhias aéreas – a Cathay Pacific, a Singapore Airlines – conseguiram manter vivos seus pontos de contato sensoriais. O interessante é que essas duas empresas mostraram os mais claros sinais de recuperação, o que as coloca em um grupo altamente exclusivo de companhias aéreas lucrativas.

As instituições financeiras

À medida que os bancos se fundem e crescem, o consumidor se torna cada vez mais insignificante, criando um hiato cada vez maior entre a instituição e, bem, você e eu. Apenas um toque humano pode restabelecer o vínculo, e o *branding* sensorial criará uma das conexões.

Como todos sabem, o ambiente de varejo bancário se tornou cada vez mais automatizado. Os custos foram repassados aos consumidores, que preferem lidar face à face em vez de fazerem suas transações por meio de caixas eletrônicos, telefone, *sites* automáticos e secretárias eletrônicas. Em forte contraste, outras empresas de varejo optaram pela estratégia oposta, criando ambientes mais aconchegantes, mais amistosos, mais iluminados, mais acolhedores e, bem, mais de marca.

Agora as instituições financeiras lidam com produtos mercantis. Os dias de um gerente amistoso com um sorriso tranquilizador e um aperto de mão caloroso estão desaparecendo rapidamente. A fidelidade do consumidor no ambiente bancário atual está francamente instável. O *branding* sensorial pode ser a única rota para os bancos voltarem a ser ambientes centrados nas pessoas.

O setor do varejo

Na década passada, o varejo andou a passos largos e firmes no *branding* sensorial. Primeiro, introduziu música em algumas lojas, depois os *designers* ambientais alteraram os *layouts* e a decoração das lojas e, hoje, eles estão fazendo uso de aromas. O problema é que, com exceção da Abercrombie & Fitch, todo esse progresso sensorial não é resultado de *branding*. Pouquíssimas cadeias estão desenvolvendo seu próprio som de marca, ou embalagens projetadas para serem mais táteis. Mas, nos próximos anos, vamos ver essa tendência se reverter.

A tecnologia também vai empurrar os comerciantes na direção sensorial correta. O que vem depois? O *branding* sonoro: logos sonoros incorporados nas embalagens, que vão tocar melodias de marca quando são abertas. Os dispositivos sonoros sem marca já estão trabalhando duro: da mesma forma que as escadas rolantes do aeroporto de Hong Kong informando-o na hora de descer, vai aparecer uma voz do nada no supermercado para informá-lo quando a próxima fila do caixa estiver disponível.

A indústria da moda

Em 2002, a Prada revolucionou os provadores da loja no Soho, em Nova York, instalando armários "inteligentes". Os armários inteligentes leem o *chip* eletrônico das etiquetas das roupas do consumidor individual, e então mandam as informações do vestuário para uma tela de toque interativo no cubículo. O cliente pode então usá-lo para selecionar outros tamanhos, cores ou tecidos. O visor também mostra sequências em vídeo das peças sendo usadas na passarela da Prada.

O varejo e a moda se uniram para criar um ambiente de entretenimento, usando tecnologia que se comunica por meio de um número cada vez maior de sentidos. Hoje, os microcomponentes são capazes de identificar um "choque anticor" que informa as compradoras femininas (e até os masculinos) se uma nova peça de roupa combina com o guarda-roupa já existente. Uma vez que os consumidores se comprometem a comprar um item, um *chip* vai informá-los polidamente da melhor maneira de conservar o produto.

No que concerne ao *branding* sensorial, a indústria da moda está alcançando rapidamente a indústria do perfume – o que é excelente.

A indústria do entretenimento

Cada vez mais os programas de *merchandising* pegam carona nos filmes exibidos no cinema. Mais de um filme tem um passeio correspondente em um parque temático (pense em *Piratas do Caribe*). A indústria do entretenimento está indo fantasticamente bem no departamento do *branding* sensorial. Mas será que vai durar? Em média, um filme tem uma longevidade financeira de seis meses. Quando a bilheteria diminui, o passeio ou jogo vai perder sua relevância, tornando difícil justificar um setor permanente do Indiana Jones ou do Harry Potter na Disney ou na Warner Brothers World.

A integração do *branding* sensorial em meio aos cinemas, *merchandising*, parques temáticos e eventos é com frequência questionável. Mais de três centenas de itens de *merchandise* residem sob o guarda-chuva Harry Potter, e têm pouca coisa em comum exceto que são feitos na China e marcados com o logo Harry Potter. Harry nunca inventou seu próprio cheiro. Nem foi caracterizado por um som, toque ou sabor especial. O *merchandise* do Harry Potter apela exclusivamente ao olho. Não tem ligação sensorial com os filmes, os parques, nem mesmo com os magníficos sete livros de J.K. Rowling. Não – a engrenagem Harry Potter é só mais *merchandising*, que provavelmente não vai se estender além do ciclo de vida da franquia.

A indústria de jogos eletrônicos

Os jogos de computador estão se aventurando sem medo em todo esse novo universo sensorial por meio da tecnologia. Muitos jogos buscam simular o mundo real. O Tetris, jogo 3-D muito popular, vai em breve ser reformatado com som *surround* e estímulos táteis. Existem mais de 100 milhões de jogadores impacientes aí fora, providenciando toda a motivação de que os inventores e as empresas de tecnologia precisam para importar e transmitir tantos pontos de contato sensoriais quanto possível.

Nos próximos anos, a indústria de jogos de computador vai levar a comunicação de massa sensorial ainda mais longe ao desenrolar uma variedade de *mouses* e *joysticks* em um mundo no qual 30% dos fãs de jogos de computador estão em frente a seus consoles diversas vezes por semana.

As experiências táteis reais já são uma realidade. A Immersion Corporation lançou o TouchWare Gaming, que a empresa promove como uma "tecnologia tátil que pode transformar qualquer jogo em uma experiência multissensorial ao empregar o sentido do toque". O TouchWare Gaming já está à venda. Com ele, você pode "sentir o sabre de luz zunindo" e "a espingarda explodir e recarregar". Você também saberá se "os mísseis estão travados no alvo" ou se o carro está "andando sobre a calçada".[3]

Com uma demão de tinta preta cheia de estilo, o *mouse* Nostromo n30 se parece com qualquer outro *mouse* de rolar. Contudo, o que você vê não é o que obtém, porque esse *mouse* tem tecnologia TouchWare incorporada. Em sintonia com as imagens na tela, o *mouse* chia por meio de uma paleta de vibrações, que chegam até os dedos. O controle do PlayStation da Sony oferece um tipo diferente de *feedback* – conhecido como *"rumble"* – que permite que os jogadores sintam as colisões, impactos e quedas em quaisquer jogos que estiver jogando. O *joystick* The SideWinder Force Feedback 2 da Microsoft até apoia *feedback* de força – que é a sensação que os usuários experimentam nas mãos quando jogam certos jogos.

EXCELÊNCIA SENSORIAL

As principais marcas sensoriais do mundo

Baseado nos dados recolhidos de grupos focais ao redor do mundo, nossa pesquisa *Brand Sense* analisou as principais marcas sensoriais do mundo segundo a perspectiva da excelência sensorial. Dentre as 200 marcas mais valiosas de acordo com a Interbrand, ficou claro que apenas algumas tiram vantagem do seu potencial sensorial. Menos de 10% dessas marcas, na verdade, demonstravam ter qualquer coisa similar a uma plataforma de *branding* sensorial, embora, daqui a cinco anos, esse número cresça para 35%.

Foram usados os seguintes critérios para determinar as 20 marcas mais valiosas:

- A marca está tirando vantagem de todos os pontos de contato sensoriais disponíveis?
- Existe uma conexão forte e consistente entre cada um dos pontos de contato?
- Até que ponto a marca reflete uma inclinação sensorial inovadora que a diferencia das concorrentes?
- Qual é o grau de associação dos consumidores entre esses sinais sensoriais com essa marca em particular – e qual é o grau de autenticidade que eles percebem nesses sinais?
- Esses sinais são distintos e integrados para o consumidor? Até que ponto?

A revelação mais intrigante? A maioria das 20 maiores marcas que tiram vantagem de uma plataforma multissensorial possuem ainda mais potencial do que vimos até agora. O *merchandise* firmemente crescente da Louis Vuitton lhe dá carta branca para assegurar um apelo de quatro sentidos (se não cinco). O crescimento firme dos canais digitais da Nokia representa ainda mais oportunidades sensoriais (incluindo o ícone, o som e as características de navegação da empresa). A Gillette precisa focar suas inconsistências nos sinais ligados ao tato e ao olfato, e a Starbucks ainda tem um longo caminho até capitalizar o apelo sensorial em suas muitas lojas, nas quais a própria linha de *merchandise* tende a ser negligenciada – e onde hoje é um fato que seus consumidores, de acordo com nossa pesquisa *Brand Sense,* não percebem um gosto característico na Starbucks (além daquele cheiro de leite azedo que comentamos antes).

Tabela 7.1
AS 20 MARCAS DE MAIOR EXCELÊNCIA SENSORIAL

Quais marcas hoje podem ser consideradas as mais sensoriais do mundo? Uma avaliação extensa das 200 marcas mais valiosas do mundo revela quem faz parte desse clube exclusivo.

Posição	Marca	Uso sensorial (em %)
1	Singapore Airlines	96,3
2	Apple	91,3
3	Disney	87,6
4	Mercedes-Benz	78,8
5	Marlboro	75,0
6	Tiffany	73,8
7	Louis Vuitton	72,5
8	Bang & Olufsen	71,3
9	Nokia	70,0
10	Harley-Davidson	68,8
11	Nike	67,5
12	Absolut Vodka	65,0
13	Coca-Cola	63,8
14	Gillette	62,5
15	Pepsi	61,3
16	Starbucks	60,0
17	Prada	58,8
18	Caterpillar	57,5
19	Guinness	56,3
20	Rolls-Royce	55,0

MAS ISSO É APENAS O COMEÇO...

Mesmo que você pudesse marcar cada quadrinho sensorial para as marcas que você ama, afirmando que cada aspecto sensorial da sua marca tem sido atendido – bem, ainda estamos longe do final da história sensorial. Da minha perspectiva, o mundo oferece diversas indicações de que o *branding* entrará em domínios cada vez mais sofisticados, ou seja, marcas que não apenas se ancoram na tradição, mas também adotam características religiosas e usam o *branding* sensorial como uma forma holística de espalhar a notícia.

Tabela 7.2
AS 20 PRINCIPAIS MARCAS COM ENORME POTENCIAL SENSORIAL INEXPLORADO

Muitas marcas importantes não conseguiram capitalizar seu potencial sensorial.

Posição	Marca	Uso sensorial (em %)
1	Ikea	23,8
2	Motorola	25,0
3	Virgin	26,3
4	KFC	28,8
5	Adidas	31,3
6	Sony	31,3
7	Burger King	31,3
8	McDonald's	32,5
9	Kleenex	32,5
10	Microsoft	33,8
11	Philips	33,8
12	Barbie	33,8
13	Nescafé	35,0
14	Nintendo	36,3
15	Kodak	40,0
16	AOL	41,3
17	Wrigley	42,5
18	Colgate	43,8
19	IBM	45,0
20	Ford	46,3

A NASA batizou o primeiro ônibus especial como Enterprise, graças aos cerca de 400 mil pedidos dos fãs de *Star Trek* ao redor do mundo. Afinal, *Star Trek* era mais do que um programa de televisão. Passou a ser uma marca que engloba um séquito religioso, completo com sua própria linguagem, personagens, sons e *design*. Lembre-se: pouquíssimas marcas obtiveram sucesso em transformar os consumidores em evangelizadores – e da Apple à Harley-Davidson e à Prada, a crença eterna dos consumidores em um produto ou empresa forma uma das pedras fundamentais mais importantes na criação de uma marca vencedora.

DESTAQUES

Menos de 10% das principais marcas do mundo demonstram uma plataforma de *branding* sensorial, embora, nos próximos cinco anos, esse número deva pular para 35%, um desenvolvimento que vai ocorrer no interior das três categorias de indústria a seguir:

1. **Os pioneiros sensoriais.** Na próxima década, as indústrias farmacêutica e automobilística vão liderar o caminho do enfoque e da inovação sensoriais.
2. **Os adotantes sensoriais.** As telecomunicações e as indústrias de computadores estão buscando definição e diferenciação em relação às rivais. Elas estão mais propensas a buscar inspiração nos setores automobilístico e do entretenimento.
3. **Os seguidores sensoriais.** Uma ampla variedade de indústrias, incluindo o varejo, bares de consumo rápido e entretenimento, tem maior propensão a seguir o caminho do que liderar.

O futuro das marcas sensoriais será avaliado de acordo com os seguintes critérios:

- A marca está tirando vantagem de todos os pontos de contato sensoriais disponíveis?
- Existe uma conexão forte e consistente entre cada um dos pontos de contato?
- Até que ponto a marca reflete uma inclinação sensorial inovadora que a diferencia das concorrentes?
- Qual é o grau de associação dos consumidores entre esses sinais sensoriais com essa marca em particular – e qual é o grau de autenticidade que eles percebem nesses sinais?
- Será que esses sinais são distintos e integrados para o consumidor? Até que ponto?

Posso afirmar que existem inúmeras indicações de que o *branding* entrará em domínios ainda mais sofisticados que não apenas se ancoram na tradição, mas que também adotam características religiosas e usam o *branding* sensorial como uma maneira holística de espalhar a notícia. Afinal, existe algo ainda mais passível de desconstrução?

NOTAS

1. Alfred Hermida (2003), "Mobiles get a sense of touch", em www.news.bbc.co.uk/1/hi/technology/2677813.stm, January 21.
2. www.vtplayer.free.fr.
3. Immersion Corporation, "Feel the game with TouchWare gaming", em www.immersion.com/gaming.

A PESQUISA *BRAND SENSE*

Em 2003, Martin Lindstrom entrou em contato com a Millward Brown, agência global de pesquisa de *marketing*, líder e inovadora especializada em ajudar as empresas a maximizar seu valor e *performance* de marca. Ele fez um pedido incomum: "Ajudem-me a provar que a experiência sensorial das marcas desempenha um papel na criação da fidelidade da marca". Embora os clientes que tínhamos em todo o mundo já houvessem entrado em contato conosco com muitas questões relacionadas com a eficácia da construção de marca e com as atividades de *marketing*, esse pedido era único. Afinal de contas, experimentamos o mundo por meio de nossos sentidos, então intuitivamente pareceu óbvio que as marcas poderiam criar um vínculo emocional mais forte tirando vantagem do seu apelo sensorial. A questão era: existe uma maneira de comprovar isso?

Para tanto, projetamos um programa de pesquisa em dois estágios que se estendeu pelo mundo, envolvendo centenas de pesquisadores entrevistando milhares de pessoas.

FASE I: COMPREENDENDO O PAPEL DOS SENTIDOS

Ao atacar um projeto novo e único como esse, é crucial compreender o "panorama" mental no qual as marcas existem. A pesquisa qualitativa, na qual um moderador treinado explora ideias e associações de marca usando técnicas projetivas com pequenos grupos de pessoas, é inestimável, proporcionando *insights* e liderando o caminho para uma medição mais quantitativa.

Conduzimos grupos focais em 13 países: Chile, Dinamarca, Holanda, Índia, Japão, México, Polônia, Espanha, África do Sul,

Suécia, Tailândia, Reino Unido e Estados Unidos. Em cada país, conversamos com homens e mulheres de idades entre 25 a 40 anos. Nossa análise se focava em 10 marcas globais: Coca-Cola, Mercedes-Benz, Dove, Ford, Gillette, Vodafone/Disney, Levi's, Sony, Nike e McDonald's. Outras cinco marcas locais (que variavam conforme o mercado) também foram incluídas no grupo.

Nossas constatações nos deram uma grande compreensão do papel dos sentidos na criação de fidelidade de marca e confirmaram que as marcas com profundidade sensorial eram particularmente fortes, com identidades de marca claramente definidas, globalmente compreendidas e muito características, sem falar em valores de marca relevantes e inspiradores. Em alguns aspectos, essas marcas deliberadamente construíram os valores sensoriais e estavam agora se beneficiando dessas associações.

FASE 2: QUANTIFICANDO A INFLUÊNCIA DOS SENTIDOS

Por vários motivos, esta foi a fase mais desafiadora da pesquisa. Queríamos provar que a memória das associações sensoriais de uma marca aumentava o desejo do consumidor de comprá-la.

Para tanto, criamos e testamos um questionário virtual. Em conjunto com nossa parceira, a Lightspeed Online Research, entrevistamos mais de 2 mil pessoas nos Estados Unidos, Reino Unido e Japão, que forneceram *feedback* sobre suas associações sensoriais, imagística, intenções de compra e muito mais, para 18 marcas.

Então usamos uma metodologia estatística chamada Modelagem de Equação Estrutural para testar hipóteses (da fase 1) sobre como os sentidos poderiam afetar a fidelidade de marca. Foram desenvolvidos para o mesmo conjunto de dados diversos modelos baseados nas hipóteses variantes de como as variáveis se inter-relacionavam. Cada modelo foi então avaliado por uma combinação de diagnósticos associados com seus caminhos individuais, assim como um Índice de Melhor Adequação Geral. O modelo com a melhor adequação geral e caminhos intuitivamente sensíveis era escolhido como a melhor representação da realidade.

Robert D. Meyers
Presidente Executivo do Grupo,
Millward Brown

ALGUMAS PALAVRAS DO PESQUISADOR

Todos nós conhecemos as tendências. O número de marcas aumenta. A competição de preços aumenta. As opções de mídia aumentam. As barreiras para o sucesso no *marketing* estão ficando cada vez maiores. Os profissionais do *marketing* hoje se deparam com um trabalho duro para manter suas marcas saudáveis e lucrativas. A missão da Millward Brown é ajudá-los a fazer isso, fornecendo *insights* sobre como construir e manter as marcas nesse mundo cada vez mais complexo, motivo pelo qual estávamos ansiosos para desenvolver as descobertas de pesquisa para este livro.

O complexo mundo do *marketing* atual requer que compreendamos o impacto de todas as diferentes influências em uma decisão de compra.

Vejam o caso das câmeras digitais. A primeira parte do trabalho é garantir que sua marca seja lembrada quando as pessoas começam a pensar em comprar uma. Isso significa plantar as sementes cedo, por meio de propaganda tradicional, *marketing* viral e publicidade. No entanto, ninguém compra uma câmera sem pesquisar preços. Envie os sinais errados e uma marca pode facilmente ser descartada simplesmente porque as pessoas pensam que é muito cara.

Bom trabalho – você conseguiu entrar para a lista de compras! Agora a coisa gira em torno de recursos e preço, certo? Errado! Pouquíssimas marcas são rejeitadas apenas em razão de *performance* ou preço. Quase todas as marcas de câmera oferecem uma ampla gama de recursos e preços para que a maioria das pessoas possa encontrar *alguma coisa* que se encaixe em suas necessidades e orçamentos. O que, então, determina a decisão de compra? Para muitos, é a aparência, a sensação e os sons da câmera. É boa de usar? Parece legal ou útil? Faz os barulhos certos? Com base em suas experiências usando filmadoras, as pessoas esperam escutar um clique e um zumbido quando tiram uma foto. Não escutar esses sons deixou as pessoas desconfortáveis com algumas câmeras digitais mais antigas. As digitais mais recentes usam sons similares ao das câmeras filmadoras para assinalar que sim, a fotografia foi tirada. Com frequência, as menores coisas podem influenciar uma decisão de compra.

A própria ausência de qualquer coisa além de uma experiência visual impede muitos consumidores de comprar pela internet. Mesmo os mais agressivos proponentes de compras virtuais limitam o tamanho potencial do mercado porque a percepção sensorial é fundamental. No caso de câmeras digitais, apenas um em cada quatro compradores recentes nos Estados Unidos afirma ter comprado a câmera pela internet. No caso de marcas automotivas, os consumidores usam a internet para pesquisar fatos, opiniões e preços, mas praticamente todos visitam um *showroom* antes de tomar a decisão final. É a receptividade do ouvido aos controles, ao conforto do assento, mesmo ao cheiro, que fecha o negócio. Comprar um carro novo é tanto uma decisão séria quanto uma experiência sensorial. Comprar um carro com base apenas na visão deixaria a maioria das pessoas insatisfeitas, sem falar na preocupação de que talvez tenham cometido um erro. Independentemente do produto ou serviço, a maioria das pessoas sempre vai querer experimentar o apelo do tato, olfato, audição e paladar, assim como o da visão, antes de efetuar a compra.

Na era moderna, os profissionais do *marketing* negaram muito o poder dos sentidos, dando preferência à racionalidade fria das especificações do produto e ao corte e aumento de descontos e preços. Essa é outra razão pela qual os sentidos oferecem potentes meios de comunicação, ajudando os profissionais do *marketing* a encontrar novas maneiras de diferenciar as marcas e atingir o veio emocional dos consumidores. Afinal de contas, nossos sentidos são uma parte tão fundamental do ser humano que são inescapáveis! Eles nos influenciam em cada segundo do dia. Os profissionais do *marketing* que reconhecem o poder dos sentidos vão encontrar um novo meio de construir vínculos duradouros com seus consumidores. Não um vínculo baseado em descontos e programas de fidelidade, mas algo baseado em divertimento e apreciação.

Martin Lindstrom explorou a arena sensorial com o mesmo entusiasmo que mostrou quando atacou a internet ou as vidas dos adolescentes e pré-adolescentes de hoje. Nossa pesquisa foi projetada para ajudá-lo a ilustrar o impacto dos sentidos e demonstrar como os sentidos influenciam a escolha e a fidelidade de marca. Acredito que a combinação fez deste livro uma grande leitura que vai ajudá-lo a enxergar o mundo do *branding* com novos olhos.

Nigel Hollis

ÍNDICE

A

A Lógica do Consumo: (Lindstrom), 1, 64, 81-83
Aarts, Pieter, 102-103
Abercrombie & Fitch, 1-2, 4-5, 38-39, 48-49, 152-153
Absolut vodka, 53-55, 58-59, 67-68, 132-133, 157
Accudose, 87-88
Acer, 115-117
Ackerman, Diane, 30-31
Acura TSX, 77-78
Adidas, 132-133, 157-158
Adotantes sensoriais, 147-151, 158-159
Aeroporto Farnborough, Londres, 99-100
África do Sul, 95-96
Agências virtuais de namoro, 109-110
Alcoólicos Anônimos, 131-132
Alemanha, 95-96
Alpert, Judy, 74-75
Alpert, Mark, 74-75
Amarelo (cor), 50-52
Anders, David, 75-76
AOL (America Online), 157-158
Apelo sensorial, 129-130, 138-140, 144
Apple Computer, 1, 38-39, 47-48, 53-56, 61, 112-113, 119-123, 127-133, 143-144, 149-150, 157-159
AquaScents, 100-101

Arcos dourados, 52-53
Aristóteles, 25-26
Aromaterapia, 71-72
Arquitetura, 88-89, 138-139
AstraZeneca, 87-89
AT&T, 13-14
Audição, 27-29, 73-74, 105-106. *Veja também* Branding sensorial
Áudio, uso do, 28-30
Austrália, 74-75, 88-89
Automóvel Cadillac, 98-99
Automóvel Fuga, 77-78
Avis Rent-a-Car, 133-134
Azul (cor), 47-52

B

Bang & Olufsen, 33-37, 84-85, 92-94, 115-116, 149-150, 157
Banyan Tree, 59-60
Bauducco, 22-23
BBC World, 60-61
Bebidas alcoólicas, indústria do, 53-55, 58-59, 65-67, 89-92, 157
Beckham, David, 126-128
Bellagio Hotel and Casino, Las Vegas, 74-76, 103-104, 136-137
Ben & Jerry's, sorvete da, 133-135
Benetton, Luciano, 47-48
Benetton, United Colors of, 46-48, 66-67
Benjamin, John, 33-34
Bentley Continental GT, 78-79
BeoCom, telefone, 1-2, 84-85

Bernbach, Bill, 147
Bíblia, a, 123-124, 136-139
Bilbao Guggenheim, 88-89
BlackBerries (dispositivos móveis), 13-14
Bloomberg TV, 21-23
Bloomingdale's, 17-18
Bob Esponja, 1
Bolsa de Valores de Nova York, 13-14
Bondy, Erin, 65
Boneca Barbie, 53-54, 157-158
Bonk, Joseph, 139-140
Booye, Will Andries Petrus, 119-120
Borders (cadeia de livrarias), 76-77
Bourdieu, Pierre, 133-134
Brand Sense Agency, 3-4
Brand Sense, projeto 2-3, 5-7, 12-13, 39-40, 49-50, 56-58, 71-73, 79-82, 86-87, 94-95, 101-102, 104-105, 116-117, 156
BRANDchild (Lindstrom), 123-125, 141-142
Branding sensorial. *Veja também* filosofia Desconstrua sua Marca
  compreendendo ingredientes de marca, 39-40
  compromisso emocional, 113-114
  Dez Regras do, 129-144
  efeitos do, 37-38
  Estimule, Realce, Vincule, modelo 110-114
  extensões de marca, 114-115
  fator religioso. *Ver* religião de marca excelência sensorial, 156-157
  futuro do, 147-155, 158-160
  lançando a marca, 39-40
  percepção e realidade, otimizar a equivalência entre, 113-115
  propósito de 113-115
  rearranjando os pedaços, 39-40
  registro de marca e, 114-115
Branding sonoro, 152-153
Branson, Richard, 61, 68-69, 127-128, 131-132
Brillat-Savarin, Jean-Anthelme, 100-101
Buda, 125-127
Budweiser, cerveja, 49-50
Bulgari Hotel, Bali, 59-61
Burberry, 52-53
Burger King, 71-72, 157-158

C

Cadeia de supermercados Asda, 91-92
Café, 10-12, 23-24, 87-88, 100-101
Calvert, Gemma, 64
Câmera Ferrari 2000, 115-116
Câmeras digitais, 23-24, 92-93, 116-117, 163-165
Campanha "Got Milk?", 47-48
Canela, 64
Cardiff City Football Club, 65-66
Carlsberg, cerveja, 113-114, 150-151
Cassinos, 74-76, 102-104
Caterpillar, 114-115, 157
Cathay Pacific Airlines, 62, 151-152
Células ganglionares, 26-27
Chanel, Coco, 89-90
Chanel No. 5, 52-53, 56-57, 67-68
Cheiro de carro novo, 14-18, 24-25, 42, 97-99
Chiclete, 16-17
Chile, 7-8
China, 4-5
Chocolate, 3-5, 88-91
Chrysler Corporation, 99-100
Cinescent, 22-23
Cisco Systems, 55-56
CNN (Cable News Network), 60-61
Coca-Cola, 26-28, 36-37, 45-48, 56-60, 64, 93-97, 110-112, 128-130, 132-133, 142-143, 150-151, 157, 161
Color, 87-88
  filosofia Desconstrua sua Marca e, 48-53, 67-68
Comissão Federal do Comércio, 45-46
Companhia Aérea Atlantic, 61-62, 68-69, 127-128, 157-158

ÍNDICE **169**

Comportamento, Filosofia Desconstrua sua Marca e, 46-48, 61-62, 68-69
Comportamento reflexivo, 13-14
Comprimidos e cápsulas, 87-89, 105-106
Compromisso emocional, 113-114
Concorrentes, tirando poder de, 129-130, 132-135, 143-144
Conran, Terence, 151-152
Construções religiosas, 125-126, 138-140
Contar histórias, 129-130, 136-138, 144
Controles remotos, 36-37, 92-94
Copa do Mundo, 133-134
Corão, 123-124, 136-137
Corporation Disney, 54-58, 67-68, 127-128, 132-133, 141-142, 157, 162
Córtex cerebral, 30-31
Crayola, 1-2, 104-105
Crocância do cereal, 15-18, 42, 55-58, 115-116
Crook, Geoff, 85-86
Cruz Vermelha, 50-51

D

Daihatsu Motor Company, 137-138
Daimler Chrysler, 24-26
Daiwa, 93-94
Dando forma às marcas, 88-91
Dean, Earl R., 45-46
DHL, 51-52
Dia dos namorados, 121-122
Dinamarca, 15-17, 35-36, 65-66, 74-75, 84-85, 95-96, 113-114, 124-126
Disney, 122-123, 154
Disney, Walt, 127-128
Disney Channel, 56-57
Disney World, 61, 75-76, 91-93, 103-104
Doenças, odores de, 35-36
Dole, Bob, 87-88
DuBose, C. N., 25-26

E

Eastman Kodak, 51-52, 157-158
EasyJet, 51-52
Einstein, Albert, 132-133
Elder, Ryan S., 16-17
Engen, Trygg, 102-103
Eno, Brian, 79-80
Espanha, 7-8, 88-89, 95-96
Estação espacial *Enterprise*, 157-158
Estimule, Realce, Vincule, modelo 110-114
Estímulo de marca, 110-112
Estímulos sem marca, 110-112
Evangelização, 129-130, 134-136, 144
EverQuest, 137-138
Extensões de marca, 114-115

F

Falácia do homúnculo, 26-27
Famílias reais, 124-126
FAO Schwarz, 76-77
Fatos sobre televisão, 9-10, 21-22
Ferrari, 29-30, 38-39, 115-117
Filipinas, 85-86, 111-112
Filmes, 17-18, 22-24, 73-74, 122-123, 154
Filosofia Desconstrua sua Marca, 38-42, 45-50
  comportamento, 46-48, 61-62, 68-69
  cor, 48-53, 67-68
  formato, 52-54, 67-68
  fragmentação de mídia e, 45-47
  ícone, 46-48, 58-60, 67-68
  imagem, 46-49, 66-67
  linguagem, 55-59, 67-68
  navegação, 60-61, 67-69
  nome, 46-47, 53-56, 67-68
  removendo o logo, 45-47, 66-67
  rituais, 65-69
  serviço, 62-63, 68-69
  som, 59-61, 67-68
  tradição, 63-65, 68-69
Firmenich, 100-101, 104-105

Folhetos corporativos, 48-49
Folz, Jean-Martin, 29-30
Ford, automóvel, 98-100, 157-158, 162
Ford, Tom, 119-120
Formato, 87-94, 103-104
   filosofia Desconstrua sua Marca e, 52-54, 67-68
Forster, Mark, 64
Fragmentação de mídia, 45-47
França, 25-26
Fusca, automóvel, 90-91

G

Galliano, garrafa, 52-53, 89-90
Gandhi, Mahatma, 132-133
Garrafa de Coca, 38-39, 45-48, 53-54, 66-68, 93-96
Gaultier, Jean-Paul, 90-91
Gehry, Frank O., 88-89
General Motors Corporation, 98-99
Gilbert, A. N., 102-103
Gillette, 55-56, 156, 157, 162
Gin Bombay, 89-90
Google, 132-133
Grã-Bretanha, 7-8, 50-52, 71-72, 81-82, 91-92, 94-96, 103-104
Grandiosidade, 129-130, 135-137, 144
Grant, Hugh, 81-82
Gucci, 1-2, 52-53, 119-120
Guerra, odor e, 31-32
Guerra do Vietnã, 31-32
Guinness, cerveja, 65-67, 157

H

Häagen-Dazs, sorvete, 133-134
Hábito, lealdade de marca e, 40-41
Harley-Davidson, 38-39, 114-115, 122-123, 129-130, 132-133, 139-140, 143-144, 157-159
Harrah's Casino, Las Vegas, 102-104
Harrods, 62
Harry Potter, 154
Hasbro, 99-100
Heinz, *ketchup*, 11-13, 50-51

Hello Kitty, 127-128, 136-138, 143-144
Hendrix, Jimi, 140-141
Hennessy XO, conhaque, 89-90
Hermès, 52-53
Hershey, Milton S., 89-90
Hershey's Kisses, 89-91
Hertz, John, 51-52
Hertz Rent-a-Car, 51-52
Hilton Hotel, Las Vegas, 103-104
Hirsch, Alan, 96-98, 103-104
Hjem-Is, sorvete, 111-112
Holly, Jack, 31-32
Honda, 139-140
Hong Kong, 15-17, 136-137, 152-153
Hospitais, 75-76
Hotéis Mandarin Oriental e Peninsula, 59-60
Hotel Burj Al Arab, Dubai, 136-137
Hummer, automóvel, 90-91

I

IBM Corporation, 49-50, 77-78, 157-158
   notebooks ThinkPad, 112-113
Ícones, 124-126, 141-143
   Filosofia Desconstrua sua Marca e, 46-48, 58-60, 67-68
Ícones de um mundo perfeito, 137-138
Igreja de Hagia Sophia, Istambul, 138-139
Igrejas, 125-126, 138-140
Ikea, 157-158
Imagem, filosofia Desconstrua sua Marca e, 46-49, 66-67
Immersion Corporation, 149-150, 155
Imperatriz Josefina, 31-32
Impressionistas, 25-27
Incenso, 5-6, 138-139
Índia, 6-7, 10-11, 95-96, 142-143
Indiana Jones, 154
Indústria aérea, 20-21, 23-24, 60-62, 151-152
Indústria alimentícia, 86-88, 150-151
Indústria automobilística, 14-15, 24-26, 42, 77-79, 90-91,

97-100, 105-106, 115-117,
147-149, 158-159, 164-165
Indústria da hospitalidade, 62-63,
103-104, 151-152
Indústria da moda, 86-87, 152-154
Indústria de bens de consumo rápido,
151-152, 158-159
Indústria de computadores, 112-113,
119-121, 127-134, 136-137,
143-144, 147-151, 157-159
Indústria de jogos de computador, 155
Indústria de jogos eletrônicos, 155
Indústria de telecomunicações,
147-150, 158-159
Indústria de telefonia celular, 39-42,
56-58, 74-75, 80-85, 92-93,
115-116, 136-137, 149-150,
156
Indústria do entretenimento, 154
Indústria do refrigerante, 26-28,
38-39, 45-46, 48-50, 52-53,
56-58, 59-60, 93-97, 128-130,
132-133, 142-143, 150-151,
157, 161
Indústria farmacêutica, 87-88,
105-106, 147-149, 158-159
Instituições financeiras, 109, 136-137,
151-153
Intel, 28-29, 36-37
Intel Inside, programa, 28-29,
36-37, 82-84
Interatividade, conceito de, 147-148
Interbrand, 39-40, 156
Istambul, Turquia, 5-6, 138-139

J

Jacobson's Organ: And the Remarkable Nature of Smell (Watson), 30-31
James Bond, 63-64, 68-69
Japão, 6-10, 13-14, 31-32, 49-50,
77-80, 93-96, 127-128,
131-132, 136-138
Jellinek, J. Stephan, 102-103
Jobs, Steve, 127-128, 131-132
Jogos Olímpicos, 139-141
Jogos *online*, 120-121, 137-138

Johnnie Walker, 89-90
Johnson's, Talco de Bebê, 1-2, 17-18,
122-123
Journal of Consumer Research, 74-75
Joystick SideWinder Force Feedback
1-2, 155
Julebryg, cerveja, 65

K

Kahlúa, 89-90
Keller, Helen, 28-29, 32-33, 96-97
Kellogg's, 1-2, 15-17, 42, 55-58,
115-116
KFC (Kentucky Fried Chicken),
142-143, 157-158
Khomeini, Ayatollah, 65-66
Kleenex, 157-158
Knob Creek Kentucky bourbon, 53-54
Knudsen, Kenneth, 84-85
Koch, Christof, 119-121, 131-132
Kodak, 51-52, 157-158
Kraft, 65
Krishna, Aradhna, 16-17

L

Labirinto do ouvido, 27-28
Lamborghini, automóvel 90-91
Laranja (cor), 45, 50-52
Lata, projeto 93-94
Laudamiel, Christophe, 100-101
Lealdade de marca, 40-42, 87-88,
119-122-123, 132-133
LEGO, 131-132
Leitores de revistas, 22-23
Lennon, John, 132-133
Levi's, 162
Levine, David, 119-121, 130-131
Lightspeed Online Research, 162
Linguagem, filosofia Desconstrua sua
Marca e, 55-59, 67-68
Linguagem da fantasia, 55-57
Linney, Laura, 81-82
Linux, 133-134
Logo, 1-2
    cor de, 49-53
    removendo, 45-47, 66-67

London Underground, 103-104
Louis Vuitton, 52-53, 63, 157
Lucky Strike, 49-51

M

M&M's, 57-58
Macintosh, usuários do, 119-121, 130-131
Mac-nização do idioma, 54-55
Makoto Bank, Taiwan, 136-137
Mallomars, 65
Manchester United, 131-132, 134-136
Mandalay Bay Casino, Las Vegas, 103-104
Marca registrada, 114-115, 148-149
Marketing de eletrônicos domésticos, 33-37, 84-85, 92-93, 112-113, 115-116, 149-150
Marlboro, cigarros, 6-8, 38-39, 58-60, 114-115, 157
Mars, Inc., 54-55, 65
Masculinidade, associações com a, 55-56, 114-115
Massagem, 33-34
McDonald's, 13-14, 24-25, 47-55, 57-58, 67-68, 71-73, 86-87, 101-102, 157-158, 162
McGowan, Steve, 50-51
Melhor É Impossível (filme), 123-124
Memória, 12-14, 30-31
Memória de Odor Implícito, 102-103
Mercedes-Benz, 157, 161
México, 7-8, 31-32
MGM, rugido de leão, 79-80
Mickey Mouse, 38-39
Microsoft, 29-30, 79-80, 82-83, 133-134, 142-143, 155, 157-158
Millman, Ronald E., 74-75
Millward Brown, 3-6, 161, 163
Mini, automóvel, 90-91
Mistério, 129-130, 142-144
Mitsubishi, 14-15
Motorola, 29-30, 82-83, 142-143, 157-158

MTV, 1-2
Música, 74-76, 130-131, 139-140
Muzak, 76-77

N

NAB (National Australian Bank), 109
Nabisco, 65
Napoleão, Imperador, 31-32
NASA (National Aeronautics and Space Administration), 157-158
Natal, 64-65, 68-69, 103-104, 121-122
National Geographic, 101-103
Natural History of the Senses, A (Ackerman), 30-31
Navegação, 112-114
    Filosofia Desconstrua sua Marca e, 60-61, 67-69
Navegação e supermercado, 60-61
NBC, badaladas da rede, 1, 79-80
Nervo óptico, 26-27
Nervos olfativos, 30-31
Nescafé, 85-88, 157-158
Nestlé, 85-86, 111-112, 150-151
Nexium, 88-89
Nicholson, Jack, 123-124
Nike, 1-2, 102-103, 132-133, 157, 162
NikeTown, 76-77
Nintendo, 132-133, 140-141, 157-158
Nissan, 77-78
Nivea, 23-24
Nokia, 39-42, 56-58, 80-84, 156, 157
Nome, Filosofia Desconstrua sua Marca e, 46-47, 53-56, 67-68
Nostromo n30, *mouse*, 155
Notebook Ferrari 3000, 115-117
Notebooks ThinkPad, 112-113
Nova Coca, 128-129
Nova Zelândia, 65-66

O

Odor corporal, 31-32
Odorant 1, 103-104
Ogilvy, David, 147

Olfato, 1-2, 7-8, 10-12, 14-24, 30-33, 35-36, 71-73, 86-88, 96-106. *Veja também Branding sensorial*
Olympus, 116-117
Orange Company, 50-52, 56-57
Orwell, George, 31-32

P

Páginas amarelas, 51-52, 56-57
Países escandinavos, 7-8, 111-112
Paladar, 7-8, 16-17, 25-26, 34-38, 100-103, 105-106. *Veja também Branding sensorial*
Pantone, 19-20, 26-27
Papai Noel, 26-28
Papel higiênico, fabricantes de 91-92, 112-113
Papua Nova Guiné, 122-123
Pariwas, Bangkok, templo, 126-127
Pasta de dente, cheiro e gosto da, 36-37, 101-102
Pasta de dente Colgate, 36-37, 57-58, 101-102, 157-158
Pavlov, Ivan, 13-14, 111-112
Pedersen, Allan Bjerrum, 54-55
Pedigree, comida de cachorro, 30-31
Pele, 32-33
Peninsula Hotel, Chicago, 62-63
Pepsi-Cola, 1-2, 49-50, 94-96, 132-133, 157
Percepção e realidade, otimizar a equivalência entre, 113-115
Perfume, 52-53, 67-68, 90-91, 138-140, 154
  memórias e, 13-14
  Singapore Airlines e, 19-21
Perfume Fragile, 90-91
Perterlça, sensação de, 129-132, 143-144
Peugeot, 29-30, 54-55
Pfizer, 87-88
Philips, 157-158
Pillsbury Company, 133-134
Pioneiros sensoriais, 147-149, 158-159

Pipoca, cheiro de 17-18, 103-104
Planeta virtual Norath, 137-138
Play-Doh, 1-2, 23-24
PlayStation, 140-141, 155
"Poder do Vermelho", campanha, 50-51
Política de devolução, 62
Política de garantia, 62
Polônia, 7-8, 99-101
Porsche, 29-30, 53-55, 148-149
Povo Maori, 65-66
Prada, 152-154, 157-159
Praestgaard, Poul, 84-85
Prato assinatura, 36-38
Prilosec, 88-89
Produtos dietéticos Crosse & Blackwell Waistline, 52-53
Propaganda, 13-15, 147
  comerciais de televisão, 9-10, 21-22, 109-110, 147
  na internet, 20-21
  repetição em, 21-22
Propósito, sensação de, 129-133, 143-144
Proust, fenômeno 101-102
Proust, Marcel, 101-102
Psicólogos comportamentais, 9-10
Pupila do olho, 26-27

Q

Qantas Airlines, 60-61

R

Rádio, 21-22
Ramo dos cremes dentais, 36-37, 101-102
Rapp, Stan, 147
Realçamento de marcas, 111-113
Realçamento sem marca, 112-113
Registro de Marcas da Benelux, 65
Religião de marca, 4-6, 12-13, 120-125, 129-144
  apelo sensorial, 129-130, 138-140, 144

construções religiosas, 125-126, 138-140
contação de histórias, 129-130, 136-138, 144
evangelização, 129-130, 134-136, 144
grandiosidade, 129-130, 135-137, 144
ícones, 124-126
ícones de um mundo perfeito, 137-138
líderes, 126-129
mistério, 129-130, 142-144
rituais, 129-130, 139-142, 144
sensação de pertença, 129-132, 143-144
sensação de propósito e visão clara, 129-134
símbolos, 129-130, 141-143
tirando poder dos concorrentes, 129-130, 132-135, 143-144
vinculação supersticiosa, 122-125
Religião. *Ver* Religião de marca
Repetição, na propaganda, 21-22
Retina do olho, 26-27
Revista *Condé Nast Traveler*, 23-24
Rice Krispies, 15-16
Rituais, 12-13, 121-123, 129-130, 139-142, 144
 filosofia Desconstrua sua Marca e, 65-69
Rituais no mundo do esporte, 65-66
Ritz-Carlton, 151-152
Rolex, 52-53, 132-133
Rolhas, estourando, 91-92
Rolling Stones, 87-88
Rolls-Royce, automóvel 97-99, 157
Root Glass Company, 38-39, 45-46
Roth, H. A., 25-26, 99-100
Rothenberg, David, 73-74
Rowling, J. K., 154
Royal Mail, Reino Unido, 2-5, 45-46, 72-73

S

Sabonete Dove, 162
Salmos, 138-139
Samsung, 17-18
Sanrio Corporation, 137-138
Sapporo Breweries, 93-94
Scent Dome, 100-101
ScentSational Technologies, 100-101
Schultz, Howard, 32-33
Schweppes, 59-60
Seguidores sensoriais, 147-148, 150-156, 158-159
Serviço, filosofia Desconstrua sua Marca e, 62-63, 68-69
Setor do varejo, 152-153
"Sexy Tina", vodca 53-54
Shiatsu, 33-34
Símbolos, 129-130, 141-144
Simon, Carly, 12-13
Simplesmente Amor (filme), 81-82
Singapore Airlines, 18-21, 23-24, 38-39, 42, 115-116, 151-152, 157
Singapore Girl, 18-20, 38-39
Smell and Taste Treatment and Research Foundation, 96-97
Smellaroos, 99-100
Snickers, 54-55
Sociedade para a Preservação da Verdadeira Coca, 128-129
Som, 7-8, 13-17, 21-22, 28-30, 73-85, 105-106. *Veja também Branding sensorial*
 filosofia Desconstrua sua Marca e, 59-61, 67-68
Som de porta de carro, 24-25, 77-78
Sontag, Susan, 101-102
Sony, 17-18, 137-138, 150-151, 155, 157-158, 162
Sony Ericsson, telefone 40-41
Star Trek, 157-158
Starbucks, 11-12, 32-33, 86-87, 156, 157
Starck, Philippe, 111-112, 151-152

Starwood's Le Méridien, cadeia de hotéis 76-77, 99-100
Stefan Floridian Waters, 19-21, 115-116
Stewart, Martha, 127-128
Sugestão, poder da, 15-16
Suíça, 5-6, 50-51
Sullivan, Annie, 32-33
Sunkist, 122-123
Super Bowl, 133-134
Superdrug, 103-104
Surdez, 28-29
Sydney Opera House, 88-89
Szaflarski, Diane, 85-86

T

Tab Energy, 52-53
Tailândia, 6-7, 95-96, 125-127
Tappert, Mark, 119-121
Tarzan, berro do 78-80
Tato, 7-8, 32-35, 72-73, 90-96, 105-106. *Veja também Branding* sensorial
Tatuagem de marcas, 119-120, 132-134
Técnicas de análise cerebral, 3-4, 64, 82-83
Tetris (jogo de computador), 155
Texas Instruments, 112-113
Theerapunyo, Chan, 126-127
Thomas Pink, 104-105
Thoreau, Henry David, 85-86
Tiffany's, 47-49, 51-52, 157
Tim Hortons, 135-136
Time de Rugby All Blacks, 65-66
Times esportivos, 4-5, 131-
Tímpanos, 27-28
Tobler, Theodore, 88-89
Toblerone, chocolate 88-91
Today show, 1-2, 47-48
Top 500 marcas da *Fortune*, 42
Top 1000 marcas da *Fortune*, 29-30, 32-34, 36-37
Torá, 136-137

Torvalds, Linus, 133-134
TouchWare Gaming, 155
Townshend, Pete, 140-141
Toyota, 99-100
Toys 'R' Us, 23-24
Tradição, 121-123
 filosofia Desconstrua sua Marca, 63-65, 68-69
Triscuits, 38-39
TriSenx, 100-101
Tuborg, cerveja, 65-66
Twix, 65

U

Unilever Corporation, 134-135
United Colors of Benetton, 46-48, 66-67
Utzon, Jorn, 88-89

V

Valium, 87-88
Velha Coca dos Estados Unidos, bebedores da 128-129
Venetian, The, Las Vegas, 103-104
Verde (cor), 27-28, 49-50
Vermelho (cor), 48-51
Vestimenta da marca, 114-115
Viagra, 87-88
Victoria's Secret, 76-77, 103-104
Vigilantes do Peso, 130-132
Vinculação supersticiosa, 122-125
Vinho, garrafas de, 90-92
Visão, 14-17, 25-28, 72-73, 85-87, 104-106. *Veja também Branding* sensorial
Visão, clara, 129-133, 143-144
Visual, uso do, 26-29
Vodafone, 49-50, 162
Vodca finlandesa, 89-90

W

Walmart Inc., 11-12, 91-92
Warner Brothers World, 154

Watson, Lyall, 30-32
WH Smith, 103-104
Who, The, 140-141
Whole Foods, 136-137
William I, Príncipe de Orange, 45
Windows, som de inicialização do, 79-80
Winfrey, Oprah, 90-91
Woolworth's, 103-104

Wrigley, 157-158
Wysocki, W. J., 102-103

X

Xbox, 29-30, 140-141

Y

Yamaha, 139-140